マックス=ヴェーバー

マックス＝ヴェーバー

・人と思想

住谷 一彦
小林 純 著
山田 正範

78

CenturyBooks 清水書院

はじめに——本書の視座

マックス＝ヴェーバーの妻マリアンネは、今日でもヴェーバー研究のうえでもっとも基礎的な資料とされている夫の伝記を書くにあたって、その巻頭の扉を次のようなリルケの詩で飾っている。

これは、一つの時代がその終焉にあたってもう一度自分の価値を総括してみようとするとき、いつもあらわれて来る人間だった。
そのような時、一人の人間があって、時代のすべての重荷を取上げ
自分の胸の奥底へ投げこむのだ。
彼に先立つ人々は人の世の悲喜と甘苦しか知らなかったのに、
彼はひたすら人生の重み厚みを感じ、
すべてを一つの〈物〉として自分が抱き止めるのを感じる——
ひとり神のみが彼の意志を高く超えている。
さればこそ彼は、この超絶を悩む雄々しい心をもって
神を愛するのだ。

（大久保和郎訳『マックス・ウェーバー』Ⅰ、みすず書房）

マリアンネは、おそらく夫ヴェーバーのなかに「一つの時代がその終焉に当ってもう一度自分の価値を総括してみようとする時、いつもあらわれて来る人間」の像《ビルト》を看《み》て取ろうとしたのであろう。ヴェーバー像をマリアンネのようにとらえる人は多い。そして、なかにはその「終焉」する「時代」こそは西洋近代そのものであり、その意味で、ヴェーバーを近代主義者、近代合理主義の典型として、善いにつけ悪いにつけ、そのように評価しようとする人も後を絶たない。だが、ヴェーバーは、果たしてリルケが謳《うた》ったように、一つの時代の終焉にあたってその価値を総括する人として立ち現れたのであろうか。それならば、むしろ自らの哲学を薄暮に飛び立つ「ミネルヴァの梟《ふくろう》」にたとえたヘーゲルその人の方が遙かにふさわしくはないだろうか。

　ヴェーバーの生前に書いて印刷に付した原稿のなかで最後の作品とみなされている『宗教社会学論集』第一巻の「序言」は、有名な次の言葉で始まっている。「近代ヨーロッパの文化世界に生を享けた者が普遍史的な諸問題を取扱おうとするばあい、彼は必然的に、そしてそれは当を得たことでもあるが、次のような問題の立て方をするであろう。いったい、どのような諸事情の連鎖が存在したために、他ならぬ西洋という地盤において、またそこにおいてのみ、普遍的な意義と妥当性をもつような発展傾向をとる――と少なくともわれわれは考えたい――文化的諸現象が姿を現わすことになったのか、と」（大塚久雄・生松敬三訳『宗教社会学論選』、みすず書房、傍点原文）。この文章もまた、しばしば近代主義者ヴェーバーのイメージという文脈で引用され、解釈されてきた。「後向きのヴェーバー」として。だが、果たしてそうなのだろうか。

ヴェーバーの最晩年に到達した思想の全体が極度に圧縮されて示されているといえるこの「序言」のなかで、彼は近代ヨーロッパ文化が提起する「普遍的な意義と妥当性をもつような発展傾向をとる文化諸現象」を広汎に列挙しているが、なかでも人類にとって今や運命的な力とまでなっている現象としてあげているのは、資本主義である。しかも、それは何よりもまず西洋に端を発した「自由な労働の合理的組織をもつ市民的な経営資本主義」である。その生誕とともに、西洋文化に固有な「合理主義」は、資本主義文化の色調を帯びて人間的生《レーベン》の全面的な合理化へと、その歩度を強めたのであった。

ヴェーバーの著名な論稿「プロテスタンティズムの倫理と資本主義の『精神』」は、まさにこの「全面的な合理化」Die Durchrationalisierung の端緒を分析したものであり、合理化推進の原動力となった禁欲的エートスの形成と展開、その消滅ならびに「鉄の檻」として私たちの生活を今もなお規定しつづけているゆえんが、リアルにあからさまに描き出されている。

「禁欲は現世を改造し、現世の内部で成果をあげようと試みたが、そのために現世の外物はかつて歴史にその比を見ないほど強力となり、ついには逃れえない力を人間の上に揮うにいたった。……ともかく勝利をとげた資本主義は、機械の基礎の上に立って以来、この支柱をもう必要としない。

……今日この『天職《ベルーフ》の遂行』が直接に最高の精神的文化価値に関連せしめられえないところでは、……各人はその意味をおよそ詮索《せんさく》しようとしないのが通例である。今日営利のもっとも自由な土地であるアメリカ合衆国では、営利活動は宗教的・倫理的な意味をとりさられているために、純粋な競争の感情に結びつく傾向があり、その結果スポーツの性格をおびるにいたることさえ稀ではない」と（大塚久雄・梶山力訳㊦、246頁、岩波文庫、訳一部変更）。八〇年以上も前に、ヴェーバーは未来の「鉄の檻」に住む人びとが記録の競争に熱中するタイプとなること、テレビでいえば人びとが視聴率競争に浮き身をやつしている様《さま》を遙かに見通していたとすら思える。こういったタイプの人びとの生活態度を方向づけている尺度は生活の快適度・便宜度であり、そこでは内面よりは外形のいかんが問題なのである。カッコ悪さは、また軽蔑に値いするのだ。ヴェーバーは、それに対して「精神のない専門人、心情のない享楽人、この無《ニヒツ》なるものは、かつて達せられたことのない人間性の段階にまですでに登りつめた、と自惚れるのだ」と、辛辣《しんらつ》な言葉を投げつけている。

ヴェーバーの研究者としての立場は、ここでその発言を終えているが、あの鋭い現実感覚の持ち主であったヴェーバーが、生来の実践的な性格からみても、自ら行った「時代の診断」に対して全く拱《きょう》手《しゅ》傍観していたとは到底考えがたいことである。ヴェーバーは、一九〇八年ドイツ社会政策学会が行ったドイツ工業労働者の実態調査にあたって、自ら詳細な調査項目を作成し、調査上の注意まで与えているのは、彼がこの調査にどれほどの期待を寄せていたかを知る一つの尺度となるであろう。ヴェーバーは、前述の「倫理」論文末尾の問題を、改めて実態調査のなかで検証しようとしたのである。その意味では、この論稿は彼の学問的姿勢がいわれるような過去にではなく、あくまでも未来に向けて開かれていたことを知る良き証左であるといえるだろう。そこで彼の見た状況は、そのこうであった。「大工業の生産組織が住民の『頭上にかぶせた』かの独特の『装置《アパラート》』の構造は、そのきわめて運命的な意味において、生産の『資本主義的な』組織か、それとも『社会主義的な』組織かという問題の範囲をすら越えている。というのは、この『装置』の成立したこと自体が、こういう二者択一とは無関係だからである。……近代的な工場は、人間や人間の『生活様式』に、広範な、まったくそれに特有な特殊な影響を与える。……私経済的な収利性の原理に従う今日の『淘汰』が、共同経済的な『連帯性』のなんらかの形態によって取って替わるならば、それはこの巨大な機械のなかで現に生きている精神を根底から変えてしまうであろう。しかもそのことがどんな結果をもたらすかは、誰も想像すらできないのである。……（ここでは）今日見られるような『装置』（＝工場。引用者）が、……今までも人類の相貌をほとんど識別しがたいほど変えてきたし、今後もさらに変えるであろうという事実でもって満足すべきであろう」と（鼓肇雄訳『工業労働調査論』67頁、日本労働協会、傍点原文）。

ヴェーバーより前に、彼に劣らず深刻に資本主義の巨大な社会変革力に注目したのはマルクスであったが、マルクスは彼の歴史観から、生産諸力の発展に照応する生産諸関係の新たな形成（＝社会主義）の裡《うち》に人類の未来を見たのであった。その半世紀後、ヴェーバーは、近代資本主義の生んだ工場という「装置」のうちに、そうした社会体制の是非を超えた問題の潜んでいることを看取したのであった。それからさらに半世紀以上の歳月が流れた。今日私たちは、このいずれの分析に味方するであろうか。少なくともヴェーバーがこの限りなく自動化《オートメ》していく可能性を秘めている「装置」が、人間の相貌をいかに変えていくかに思いを馳《は》せたであろうことは、まず疑いえないところである。

最近の研究が次第に明らかにしてきたのであるが、西洋に固有な合理主義の文化が中世以降音楽をはじめ彫刻・建築・絵画といった美の領域、さらに法秩序や政治制度の領域、性愛や教育、そして最後には経済の領域で全面的な開花をするに至った事情を分析し考察することが可能となる視座の構築に、晩年のヴェーバーは全力を傾けていたように思われる。一九〇九年以降彼が主たる責任編集者となって引き受けた全五巻九分冊からなる『社会経済学講座』Grundriss der Sozialökonomikの出版企画や、一九一六年以降つぎつぎと「社会科学と社会政策雑誌《アルヒーフ》」に発表した『世界宗教の経済倫理』にかんする諸論稿は、いずれもこの問題局面の解明に向けられているといってよいであろう。そのなかで、これもすでにテンブルックの指摘しているところであるが、一九一〇年から一三年頃の執筆と推定される現行『経済と社会』第II部に収録されている『宗教社会学』（創文社刊）中の「宗教倫理と現世」という項では全く欠落していた主知主義的合理化の問題が、一九一六年に発表された「中間考察」では、「究極において最大かつもっとも原理的な意義をもつ」自覚的な緊張関係として位置づけられるに至ったことが注目されよう。というのは、今や巨大な自動機械と化しつつある経済的「装置」が人間的生の全領域に及ぼしつつある測り難い影響力をいかにすればコントロールできるか、また果たしてコントロールは可能かを畢生《ひっせい》の課題として模索しはじめたヴェーバーの新たな視座の一端をそれは示しているように思われるからである。

この新たな視座との関連で止目すべき点は、かの「序言」の普遍史的な諸問題を述べるにあたって、近代世界の主知主義的合理化を先導した科学的思考の分析から始めていることである。ルネサンス期に始まる合理的実験に底礎する近代科学の理論的合理主義は、経済的領域においてピューリタンの禁欲的エートスが押し進めていく実践的合理主義の脱呪術化した世界と結びつくことにより、宗教の領域をますます非合理的なレヴェルへと追いやり、真に宗教的な心情の流露をピアニシモのひびきにまで低めてしまった。科学的思考と行動の様式が次第に支配的となるに応じて、現世外を指向する思考と行動の様式は、いよいよもって昔日のような力を失ってきている。だが、科学的な現世内的・一元論的世界観の支配は、人間的生に根ざすあの現世の意味を問う根元的な欲求まで完全に根絶してしまうことになるであろうか。音楽の世界における音の和声的合理化が衝き当たる壁ともいえるピタゴラスのコンマに照応するような、生《レーベン》の非合理的な力の壁に衝き当たることにならないだろうか。

シュルフターも留目しているように、ヴェーバーは科学的思考と行動の様式が支配するなかで生じてきた他界の消滅による死の無意味化、ひいては生の無意味化という脱呪術化した世界における人間的生の再意味化がいかにして可能であるかを、「宗教と社会の普遍史的関連」を認識する作業のなかで、具体的には宗教社会学的研究と『経済と社会』の概念図式論《カズイスティーク》という新たな方法的枠組の構築をつうじて、現世に意味を付与する意欲のある「文化人」という、価値自由と責任倫理に鍛えあげられた人間類型の提示でもって確証しようと鋭意試みたのだとみれないであろうか。

　ヴェーバーは、この構築しつつある視座から一九一七年九月二七日ラウエンシュタイン城におけるあの有名な集会で「人格と生の諸秩序」の講演を行い、さらに同年一一月七日ミュンヘンで学生たちを前に、「職業《ベルーフ》としての学問」の講演をしたのであった。同年ヴェーバーは「ロゴス」誌上に「社会学・経済学における〝価値自由〟の意味」という論文を発表しており、「職業としての学問」の自律性が価値自由に根ざすゆえんが明らかにされている。この自律性（＝価値自由）が政治権力の悪魔性に対する管制塔《コントロールタワー》の構築を可能にする。限りなく自動機械化されていく「装置」によって不断に淘冶され、「精神なき専門人」・「心情なき享楽人」が大量に生産される社会で、なお、その運命に抗しつつ「生」の意味を問いうる人間であるためには、どうすればよいのか。ヴェーバーは第一次大戦に敗れた祖国ドイツの現実を直視しつつ、一九一九年一月二八日同じくミュンヘンで学生たちを前に「職業《ベルーフ》としての政治」と題する講演を行って、この問いに応えようとした。

　もとより彼のここでの視線は政治に向けられている。しかし、この視線は、また「職業としての学問」でのそれと交錯しているのである。彼は測り知れないほどに「装置」によってその相貌を変えていくかに見える人間的生に対して、あえて「知性の犠牲」を命じる宗教の世界に向かわずに断乎として学問と政治の世界にとどまり、巨大な運命の重圧に耐えて、責任倫理と価値自由の世界に生き抜こうと決意したかに見える。この一個の人間ヴェーバーの生き方と、その思想の営為を本書では以上に述べたような理由から、学問と政治の両局面において浮き彫りにしてみようと企図しているのだといってよいであろう。

住谷一彦

目次

III　ヴェーバーの社会科学方法論

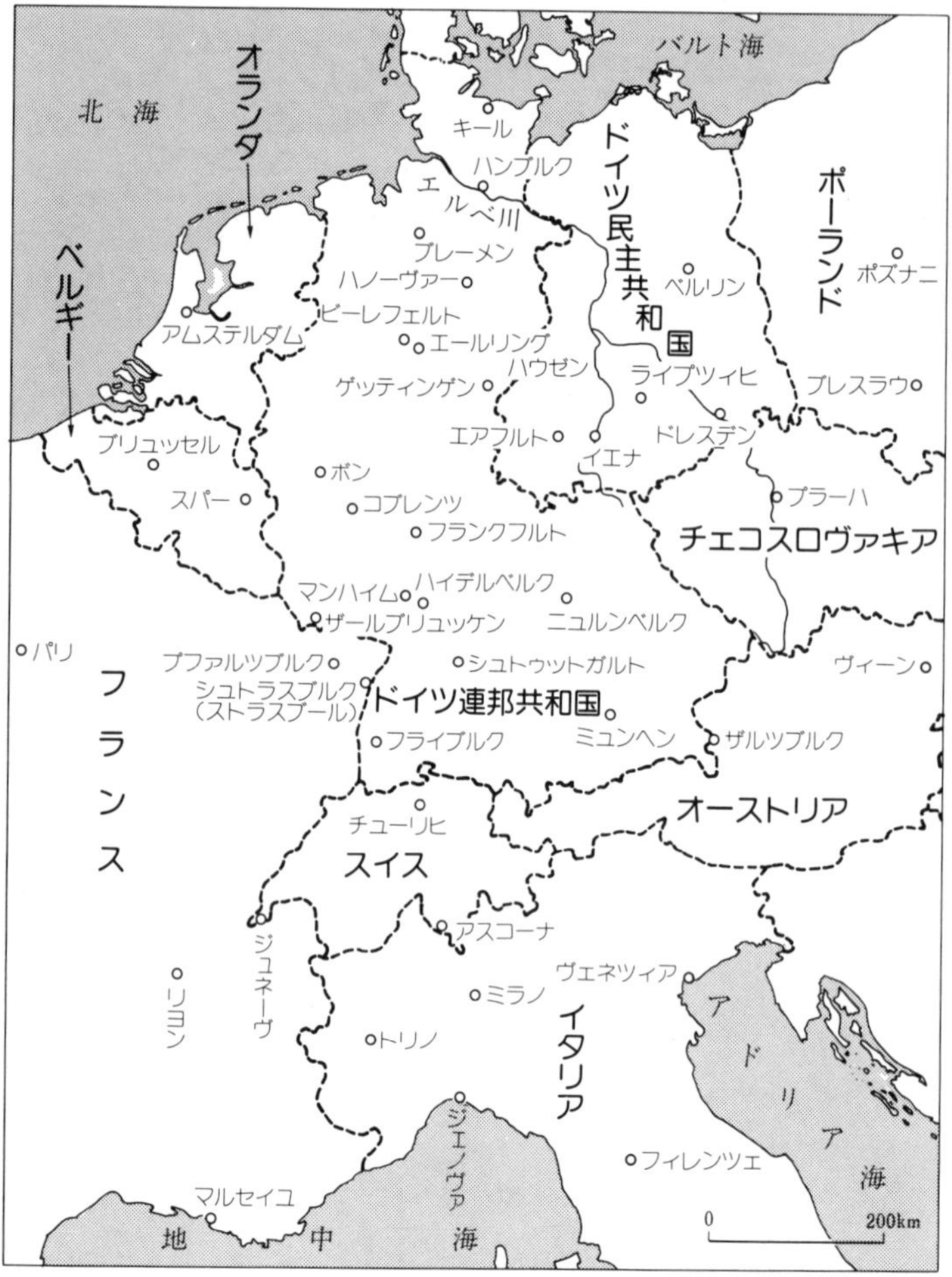

マックス=ヴェーバー関係地図

I

ヴェーバーの肖像《ポートレート》

複雑な家系と若きヴェーバー

父方の家系　カール＝エミール＝マクシミリアン（略してマックス）＝ヴェーバーは、一八六四年四月二一日午後一〇時、テューリンゲン地方の都市エアフルト（現在東独）のカルトホイザー水車小路《ワッサーラート＝シュテイーク》四四番abで生まれ、一九二〇年六月一四日夕刻、バイエルンの古都ミュンヘンの湖畔街《ゼーシュトラーセ》三番cにおいて肺炎で亡くなった。五六歳であった。

マックス＝ヴェーバーの家系と彼の生涯について語ることは、同時にまた、ヴェーバーが生きた時代のドイツ、すなわち、あの鉄血宰相ビスマルクの名で象徴されるドイツ第二帝制の社会に刻印されている諸特質について語ることでもある（家系図参照）。だからであろうか、彼の妻マリアンネも夫の伝記『マックス・ヴェーバー——或る肖像』（大久保和郎訳、みすず書房。以下、『伝』として引用）をヴェーバーの家系調べから始めている。

ヴェーバーの父は法学博士マクシミリアン（略してマックス）＝ヴィルヘルム＝ヴェーバー（一八三六・五・三一〜一八九七・八・一〇）、母はザーラー＝オイゲーニア＝ユーリア＝ヘレーネ＝ファレンシュタイン（一八四四・四・一五〜一九一九・一〇・一四）、マックス＝ヴェーバーはその八人の子供（アンナ一八六六年生、アルフレート一八六八年生、カール一八七〇年生、ヘレーネ一八七三年生、クラーラ一八七五年生、アルヴィン＝ハンス＝アルツール一八七七年生、リリー一八九〇年生）の長男である。

　父の家系はヴェストファーレンのビーレフェルト市における商工業界の名門であり亜麻布業を代々営んでいた。先祖は福音主義の信仰ゆえにザルツブルクを追われ、この新しい故郷に亜麻布業をもちこんだといわれている。ここにもヴェーバー年来のテーマである宗教と経済との関わりが垣《かい》間《ま》みられる。彼の曽祖父ダーヴィット＝クリスティアン＝ヴェーバーは、ビーレフェルトの亜麻布の声価を高めた最初の商社である「ヴェーバー、レーア、ニーマン」商会の共同設立者となった。祖父のカール＝アウグスト＝ヴェーバーは、ビーレフェルトの名門で医者のヴィルマンス博士の娘マリー＝ルシー＝ヴィルマンスと結婚し、この商社の共同経営者として広く活動した。安藤英治『ウェーバー紀行』（岩波書店）によれば、ヴィルマンス博士はスペインで著名なピアニスト、フランツ＝リストと知り合って、永年にわたって親交を結んだといわれ、また、カール＝アウグストの長男であり、ヴェーバーの父の兄、つまり伯父のカール＝ダーヴィット＝ヴェーバーは、一八四八年革命に参加し、プロイセンの憲兵に追われスペインに亡命したといわれ、リベラル-デモクラートであることを自称していたという（同書104頁）。

　祖父ヴェーバーの頃（一九世紀初葉）は、亜麻布業もまだいちじるしく伝統主義的で「金儲《もう》けは自己目的でも実力のしるしでもなく、主として快適な身分相応の生活方式の手段となるものだった。

それに応じて仕事のテンポも緩慢《かんまん》だった。まだ老人というのではないが働き盛りの年になった男として、父親のヴェーバー（マックス＝ヴェーバーの祖父）は古き善き習慣にしたがって朝六時に起きはしたが、まず何時間も自分の広い庭の手入れをし、そのあとではしばしば野菜を洗ったり、剝《は》いだりしている女どもに〈のんびりと〉何かを読んで聞かせ、ようやく一一時ごろになって帳場に出るのであった。夕方クラブへ晩酌に行くことと上等のボルドー葡萄《ぶどう》酒の一本とは日課のなかにはいっていた」（『伝』Ⅰ 21頁）と、マリアンネは描写している。

伯父ダーヴィット

しかし息子のカール＝ダーヴィット（マックス＝ヴェーバーの伯父）の代になると、自ら積極的に出かけて行って周辺の織工から手織りのリンネルを買い、自分の開拓した顧客に売るようになった。その市場もベルリンからミュンヘン、さらにシュトゥットガルトに及ぶ広範な地域にひろがっていった。そして、晩年には機械制工場をも設立した。ヴェーバーは祖父との対照においてこの伯父を近代的企業家の一典型として、「プロテスタンティズムの倫理と資本主義の精神」（大塚久雄・梶山力訳、岩波文庫）の中で、こう画いている。「或《あ》るとき突如このののんびりした生活の攪乱《かくらん》されるときが来た。といっても組織形態の原理的な変化——たとえば集中経営や自動機械への移行など——は全然生じないことが多かった。むしろたいていは次のことが起こったに過ぎぬ。すなわち、或る問屋制前貸を営む家族の一員である青年が、都市から自分で農村に出かけ、自分の要求に合致する織布工たちを注意深く選択し、彼らに対する支配と統制を強化し、農民的な彼らを労働者に育成し、他方では最終購買者との接触すなわち小売業によって販売をすべて自分の手におさめ、顧客を自ら獲得し、毎年規則的に彼らを訪れ、またとくに製品の品質を改良し買手の欲求や希望に適合させ、その『好みに合う』ようにするとともに、『薄利多売』の原則を実行し始めるのであった。……激しい競争が始まるとともに牧歌は影をひそめ、巨額の財産は獲得されても利息には据え置かれずに、後から後から事業に投資され、古いゆとりのある安穏な生活は失せて厳しい生真面目さがこれに代った。……こうした場合かかる変革を起こさせたものは通常新たな貨幣の流入などではなくて、……むしろ新たな精神、すなわち、『近代資本主義の精神』が侵入したためであった。近代資本主義の拡張の原動力は何かという問題は、まずもって資本主義的に利用されうる貨幣がどこから来たかにあるのではなくて、むしろ何にもまして資本主義精神の発展ということなのである」と（傍点原文、『文庫』(上)76～77頁）。以上に見られるように、ヴェーバーは自分のテーマにとって決定的な論点を扱う箇所で、自分にとって身近な伯父の亜麻布業の例をたくみに利用していることがわかる。のちに、やはりこの「倫理」論文と密接に関係する近代的工場労働者のエートスと技能の相関を調べた「工業労働の心理物理学」（一九〇九）においても伯父の工場を利用している。

この伯父ダーヴィット＝ヴェーバーは、一八五〇年ビーレフェルトからほど近く、西暦九年ローマ

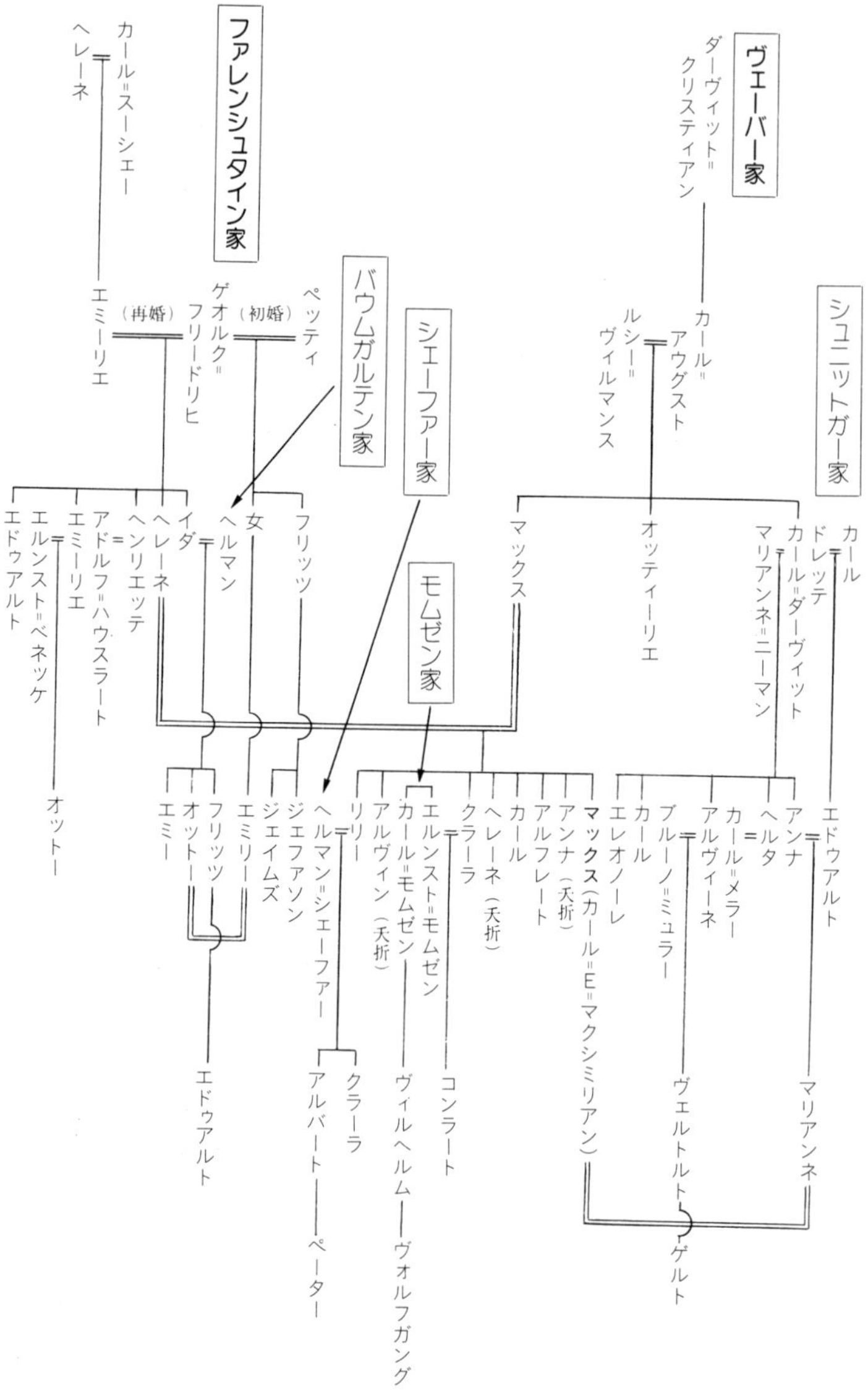

マックス=ヴェーバーの家系図

皇帝アウグストゥス治下の精鋭をもって鳴るローマ軍団がアルミニウスのひきいるゲルマン諸部族の兵によって、殲滅《せんめつ》されたので有名な「トイトブルクの森 Teutoburger Wald」のあるエールリングハウゼン町でリンネル業を営むとともに、共同出資者のクリスティアン＝ニーマンの娘マリアンネ＝ニーマンと同年七月九日結婚し、五人の子供を得た。安藤『ウェーバー紀行』によれば（105頁以下）、この五人の子供は、アンナ（一八五一年四月九日生）、ヘルタ（一八五三年二月二〇日生）、アルヴィーネ（一八五五年一〇月一〇日生）、カール（一八五八年一〇月一五日生）、エレオノーレ（一八六一年八月一〇日生）であり、アルヴィーネの夫ブルーノ＝ミュラーはエールリングハウゼンの町長を一八九三年から一九一二年まで二〇年も勤めた名士であり、また、ダーヴィット＝ヴェーバーとともにヴェーバー商会の共同経営者でもあった。長女アンナは一八六九年同地の医学博士エドゥアルト＝シュニットガーと結婚し、その長女マリアンネがのちにマックス＝ヴェーバーと結婚することになるから、ヴェーバーはマリアンネにとって、母の叔父の子で、ヴェーバーからいえば遠縁の姪《めい》になるわけである。マリアンネは三歳で母を失い、父には精神症状があって彼女を自分の母に預けた。彼女は祖母の家で叔母フロレンティーネ（フローラ）の手で育てられた。彼女の父ばかりでなく、三人の伯父も精神錯乱の症状があり、マリアンネは『伝』で幼少の頃二人の発狂した伯父と同じ屋根の下に住んでいたという異常な経験を述べている。一七歳のときダーヴィット＝ヴェーバーが彼女をハノーヴァーで学校教育を受けさせ、さらに二一歳のとき（一八九一）、ダーヴィットの弟である大叔父のマックス゠ヴェーバー（ヴェーバーの父）がベルリンに招いてくれることによって、初めて彼女の運命には明るい陽ざしがあたることになった。二年後彼女は長男のヴェーバーと結ばれることになるからである。

政治家としての父

ヴェーバーの父マックスは、ヘレーネの姉イダの夫で歴史家として有名なヘルマン゠バウムガルテンの友人として、二四歳のとき当時ベルリンに住んでいた姉イダをたまたま訪ねてきたヘレーネと知り合い、結ばれた。一八六三年のことである。彼は法学を修め、法律家としてベルリン市当局に勤め、かたわら自由主義的な週刊紙の編集をしていたが、結婚の前年一二月エアフルトに移り、市参事会員として働いていた。『伝』によれば、父マックスは「怜悧《れいり》で前途有望で、その陽気な愛想の好さ、生きる喜び、すっきりとした純粋さと溢れるような温さによって非常に魅力的」（同書I 18頁）な青年であった。また、彼は政治に強い関心をもち、現世の生活に愛着を感じる中産的市民でもあった。二人は相思相愛で結ばれたのであったが、ユグノー派の家系に由来するきわめて内面的・宗教的な関心の強かったヘレーネとの、こうした対照的な性格が、のちの家庭生活における破綻《はたん》につながっていたことは止目しておかねばなるまい。

ともあれ、時代は激動の秋《とき》をむかえていた。ビスマルクは首相となり、プロイセン国家は彼の指導下に軍備拡張、強権政治、ドイツ統一に向かって準備をすすめていた。父マックスは、少年時代に三月革命の時代精神を吸い込んでおり、国家主義者《ナショナリスト》であるとともに自由主義者《リベラリスト》でもあった。そして、自由主義右派の立憲党に属し、ベルリン市参事会員になって一八六九年四月ふたたびベルリンに移ったとき、彼は党のベルリン中央委員会の書記として政界に入り、プロイセン邦議会(一八六八～九七)、ドイツ帝国議会(一八七二～八四)で国民自由党代議士となって活動を開始した。

国民自由党は、一八五九年のドイツ国民同盟創立者の一人であるルードルフ゠ベニクセンにひきいられ、プロイセン゠ホーエンツォレルン王朝の立憲君主政治を支持し、ビスマルクとともに強力な国民国家の樹立をめざしていた。彼の家には当時の有力な学者、政治家たち――政治家ではベニクセン、ミクェル、カップ、ホプレヒト、学者ではディルタイ、ゴールトシュミット、テオドール゠モムゼン、ジーベル、トライチュケら――が盛んに出入りしており、息子のヴェーバーは幼少の頃から彼らの取り交《か》わす活発な議論を聞いて成長したのであった。

母方の家系

父がますます外向的となっていったのと対照的に母ヘレーネは一層内面の世界に沈潜していった。それは、しかし、彼女が行動的でなかったことを意味するものではない。彼女は自らの関心にしたがって社会福祉事業の分野に深く関わっていったのである。それは彼女がリベラルな英米系のプロテスタント神学者であったバーカーやチャニングに傾倒していたことからも判明しよう。これには姉イダの刺激によるところが大きかった。その意味では母ヘレーネの家系も、父の家系に劣らず興味深いものがある。マリアンネは『伝』冒頭でこれにふれ、「マックス＝ヴェーバーの母方の祖父母は一風変わった人間であり、その孫の人となりのうちにははっきりそれとわかる彼らの性格のいくつかを注ぎこんでいるので、彼の伝記のはじめには当然、この祖父母の人間像の輪郭を描いておかねばならない」と述べている。

ファレンシュタイン家は一七世紀中葉以降テューリンゲンにいたことがわかっている。カルヴィニストであったユグノー派に属するその家系には知的職業人が輩出しており、ヘレーネの祖父は有名な文献学者であったが、ある日突然家出して消息を絶った。妻は多くの子をかかえて貧窮の中にとり残された。ヘレーネの父ゲオルク＝フリードリヒ＝ファレンシュタインは他人の家に預けられて育ち、二〇歳で一六歳のペッティと結婚した。彼は家庭教師、郡役所の書記として働き、かたわら文筆家、詩人の仕事に打ち込んだ。ようやく一八三二年コブレンツ市参事《レギールンクスラート》官の職を得たとき、最愛の妻を失った。彼の子供へのしつけはきびしく男の子は皆彼の下を去ってしまった。マリアンネは記している。「彼の性格、それは充溢する男性的な力であり、精神の昂揚であり、操守《そうしゅ》の厳しさであり、無遠慮な率直さであり、それに加えてとかく癇癪《かんしゃく》を起しやすい熱情的な昂奮性であったが、しかしこれは弱者、特に女性や子供に対する場合、騎士精神と稚純な心のやさしさのためにいつも抑えられていた」と（『伝』2頁）。この血が孫のヴェーバーにも伝わっていたことは、マリアンネの『伝』をみれば、明らかである。

祖父は妻の死後四年にふたたび一人の心やさしい女性にめぐりあい、再婚する。この女性がヘレーネの母エミーリエ＝スーシェー、すなわち、ヴェーバーの祖母であった。ヴェーバーにとって母方の曽祖父になるエミーリエの父カール＝コルネリウス＝スーシェーは、フランクフルト、マンチェスター、ロンドンに店をもつ商社を作り上げた有能な人物であったが、オルレアンの近くに領地をもち、ドイツに亡命するにあたって貴族の位を棄てたユグノーの一門スーシェー＝ド＝ラ＝デュポワシェール家の出であった。彼の父はフランクフルトのフランス系改革派教会の牧師であった。エミーリエの父カール＝C＝スーシェーは自らの努力と結婚によって莫大な財産を有するに至ったが、彼自らは自分の財産の管理者にすぎぬと思っていた。ここにもカルヴィニストに固有な天職観《ベルーフ》が脈うっており、ヴェーバーは「倫理」論文の中でこの観念を見事に生かしている。曽祖父スーシェーは生粋のドイツ女性、シュリュヒテルン出身のシュンク少佐の娘へレーネ＝シュンクと結婚し、七人の子を得た。その一人であるヴェーバーの祖母エミーリエは回想記の中で「私の最大の悩みは私の体質から来るものであった」と述べているが、それは「体のすみずみが何か名状しがたく畏縮《いしゆく》して、屢々《しばしば》気持が苦しくなるもの」であり、やはり一種の精神症状であったと思われる。それとの関わりで彼女の夫ゲオルク＝F＝ファレンシュタインも、最初の妻ペッティとの結婚を幼少の故に彼女の両親に拒まれたとき、「この矯激《きようげき》な若者は数箇月にわたってきわめて激しい神経疾患に陥ってしまった」（『伝』Ｉ２頁）といわれていることも留意されるべきであろう。

ゲオルク＝F＝ファレンシュタインは一八四二年報告委員としてベルリンの大蔵省に転任させられたが、それは彼にとって適任でなく数年にして辞し、ハイデルベルクに移って、一八四七年ネッカール河畔のツィーゲルホイザー-ラント街《シュトラーセ》に家を建てた。ヴェーバーの母ヘレーネ三歳のときである。彼は、依然として休みなき活動家であり、ラインラントにおけるナポレオン体制の支持者であり、グリム兄弟の辞典編纂の熱心な協力者であった。ハイデルベルクではシュロッサーやホイサーを中心とする「史学会」Historischer Kreis に加わり、歴史家ゲルヴィーヌスと親しく、彼の同居を許したほどであった。ゲルヴィーヌスはヴェーバーの母ヘレーネの師の一人であったが、高い教養をもち、一九〇四年からは民生委員となってシャルロッテンブルクの市の行政に関与した。マリアンネは『伝』でヘレーネがその少女時代に彼の情欲の犠牲となり、以後終生性愛《エロス》に対し恐怖感・罪悪感が抜けなかったという異常体験にふれている。

『伝』は、また、ヘレーネが父ファレンシュタインの生活態度、早起き、冷水、あらゆる種類の心身鍛練《たんれん》、極度の意志の努力、克己の精神を自らもまもり、子女の教育についても受け継いだことを記している。と同時に、『伝』は父ファレンシュタインの性格にみられる「度の強さのためにすべてが過度になりやすかった。束《つか》の間の感情も熟慮された持続的な主観性も」というゲルヴィーヌスの評価をも伝え、「この評言は孫ヴェーバーにもあてはまる」と述べている。

ヴェーバーの家族

マックスの誕生

ユグノー派の家系に流れる宗教的敬虔の感性は祖母エミーリエから母ヘレーネを含む四人の娘に伝えられ、四人の姉妹は皆精神においても心情においても普通とちがっていた（『伝』Ⅰ14頁）。彼女たちの強い宗教感情はその人生に深みを与えるとともに、また困難にもした。母ヘレーネの一生がはっきりとそれを物語っている。

彼女の家系、父方のファレンシュタイン家にしても、母方のスーシェー家にしても西南ドイツに深く根を下していた敬虔主義《ピエティスムス》の影響を受けており、それは北東ドイツの教養を固執する福音主義正統派とは異なり、あの哲学者シェリングやヘーゲルを生みだすような、信仰と理性の調和をめざす、リベラルでしかも戦闘的パトスに燃えていた。ハイデルベルクでこの派を代表するものはティッケル牧師であり、ヘレーネは彼のところで堅信礼を受けている。一方彼女はゲルヴィーヌスからギリシア・ローマの古典を学び、とくにホメーロスは彼女の終生の財産となった。しかし、例のゲルヴィーヌスとの一件があって、忌まわしい記憶から逃れるようにして、彼女は著名な歴史家ヘルマン＝バウムガルテンに嫁《とつ》いでいる姉イダをベルリンに訪ね、そこでヘルマンの友人で二四歳の青年法律家マクシミリアン＝ヴィルヘルム＝ヴェーバーと知り合うことになる。二人は二年の婚約期間を経て一八六三年結婚し、一年後の六四年四月二一日にエアフルトで長男マックスが生まれた。ヘレーネはその後七人の弟妹を生み、二人の女子は幼くして死に、四人の男子と二人の女子が成人した。その中で次男のアルフレートは、のちに兄に次いで著名な社会学者となった。

マックスは難産で、母は授乳できず、社会民主党員の指物師宅に預けられ、指物師の鈎掛台下の洗濯物籠のなかで育てられた。マリアンネはマックスの強い社会問題に対する関心は、乳母の乳とともに吸いこんだものだと書いている。彼は幼くして片側の脳膜炎をわずらい、生死の裡《うち》をさまよう。それは後年のヴェーバーに現れる神経疾患と全く関係がないとは言えないであろう。

エンジョイした大学生活

ヴェーバーはかなり早熟な少年であった。王立王妃アウグスタ-ギムナジウム時代に、ギリシア・ローマの古典もの、哲学書（スピノザ、ショーペンハウエル、カント）を読み、一四歳のときにはいとこのフリッツ＝バウムガルテン（家系図参照）とホーマー、ヘロドトス、キケロなどについて手紙でやりとりをしている。学校の教師からみると、扱いにくい生徒であった。ヴェーバーにとって学校での授業は退屈で、四〇巻のコッタ版ゲーテ全集を授業中こっそり読みふけったという。父のサロンにおける政治家、学者たちの談論が、彼に与えた影響は大きかった。一八七九年のクリスマスに彼は「インドゲルマン諸国民における諸民族の性格の歴史と発展に関する考察」という大論文を書いている。

一八八二年ヴェーバーはハイデルベルク大学に入学した。彼は法律学を学ぶことにしたが、同時に経済学、歴史学、哲学、神学も聴講した。クノー＝フィッシャー（哲学）、カール＝クニース（経済学）、インマヌエル＝ベッカー、H＝シュルツ（法律学）などの講義である。父の意向にしたがい、アルマーニアという学生組合に入り、決闘で頬に傷を作ったり、学生の溜《たま》り場である酒場《ワイン・ハウス》「赤い牛《ローテ・オクセン》」で痛飲したり、大学生活を大いにエンジョイした。頭の大きい、ひょろ長のひよわな体質は、この間に見違えるほど頑健になり、ベルリンに帰省したとき、母へレーネに思わず平手打ちをくらうほど現世愛好的な青年に変わっていった。その雰囲気を両親への手紙でヴェーバーは、こう書いている。「七時の倫理学の講義のため早起きを余儀なくされ、それから毎朝一時間剣道場で稽古し、そのあとで几帳面《きちょうめん》にすべての講義を聞きます。一時半に近所で一マルクの昼食をし、時には葡萄《ぶどう》酒かビールを四分の一リットル飲みます。それから二時まではよくオットーとイックラートさん（宿の主人）を相手にスカート（カード遊び）を一番みっしりとやります。そのあとでぼくたちはそれぞれ自分の部屋へ引き揚げ、ぼくのほうは講義ノートを通読し、シュトラウスの『古い信仰と新しい信仰』を読みます。日によっては一緒に午後山へ行くこともあります。夜はまた、八〇プフェニヒでごく上等な夕食を出してくれるイックラートさんの店で一緒になり、そのあとで規則的にロッツェの『ミクロコスモス』を読みます。この本についてぼくらはこれ以上とはなく猛烈な論戦を交わしているのです」(『伝』I 55頁)。その頃のヴェーバーに思想上深い影響を与えたのは、共に過ごしたこの年上のいとこの神学生オットーであった。

暗い影

一八八三年ヴェーバーは、一年間の兵役義務を果たすべくシュトラスブルクに行った。彼にとっては愚かしく思えた営内勤務生活に潤いを与えてくれたのは、シュトラスブルク大学で歴史学を教えていた伯父ヘルマン＝バウムガルテンの家庭との親交であった。ヘルマンは母ヘレーネの姉イダの夫であり、母の妹エミーリエは同じ大学の地質学・古生物学者であったエルンスト＝ヴィルヘルム＝ベネッケに嫁いでいた。バウムガルテン夫妻は、ヴェーバーにとって第二の両親であった。伯父のヘルマンは著名な歴史学者であったが、また、一八四八年革命の民主主義的な精神を守りつづけた少数の左派自由主義者の一人であり、ビスマルクの強権政治に同調した国家主義的な右派自由主義者(ヴェーバーの父もその一人である)とは一線を画しており、ビスマルクの主導した第二帝制の政治体制にはきわめて批判的であった。とくにビスマルクの政策がエルザス人の離反を生みだしたことをきびしく批判し、プロイセン精神とホーエンツォレルン王朝を讃美する史家トライチュケと激しい論争を行った。かれは南ドイツ諸小邦の自由主義的な精神を一身に体現していたのである。

ヴェーバーはこの伯父から政治を見る眼を教えられた。そして、伯母のイダからはファレンシュタイン家に流れるユグノー＝改革派プロテスタンティズムの敬虔で激しいパトスに満たされた宗教感情、心貧しき者・弱者への強い社会的関心を学んだのであった。ヴェーバーは漸《ようや》く母の生活態度を理解できるようになった。それは反面これまで不知不識の裡に受け継いでいた父と同じ世俗的・市民的な生活態度への反省を伴うことであった。父と母との間に醸しだされていた不協和音にも気づくようになった。こうして、ヴェーバーの心情は父と母との間で揺れ動くことになる。

だが、それ以上にヴェーバーの心を震えさせたのは、バウムガルテン夫妻の娘、いとこのフリッツとオットーの妹エミーとの出会いであった。エミーは一八歳、ヴェーバーは二〇歳、二人の間に仄《ほの》かな愛が芽生えはじめた。彼女は愛くるしく聡明であったが、「母親と祖母の神経障害をも彼女は受継いでいて、彼女の青春は夙《はや》くから虚脱状態と憂欝の影に閉ざされていた」（『伝』I 76頁）。二人の愛には最初から暗い影がおおっていたのである。しかし、この「暗影」はファレンシュタイン家全体をもおおうものであったことは、これまで見てきた家系からも明らかである。いとこのオットーは母方の祖父G＝F＝ファレンシュタインの最初の妻の孫娘、オットーとは異母またいとこになるエミリー＝ファレンシュタインと悲劇的な結婚をしていた。「この娘はどこから見ても異常であり、若いバウムガルテンよりずっと年上で、美人でもなく、病身で、重大な神経障害を持っていたが、純粋な宗教的素質と魔法的な力をそなえていた――彼女は透視の力を持っていたのである」(『伝』I 64頁)。父バウムガルテンは、結婚は二人に不幸をもたらすと猛反対をした。母イダはちがっていた。彼女はこの二人の結びつきをあらがいがたい宿命と観じた。その根底には結婚は単なる性的結合でなく、遙かに深く霊的結合（高められた友愛）であるという彼女の信念があった。ヴェーバーの母へレーネにも通じる心情である。この思想は後年ヴェーバーが『世界宗教の経済倫理』を書いたとき、珠玉の小品「中間考察」の中で性愛《エロティーク》の力学を扱った箇所に投影されていることを、人は知るであろう。

二人は結婚し、その一年後エミリーは生き延びる力のない子を生むと同時に死んだ。オットーの選んだ人生は不幸であったと言うべきであろうか。マリアンネの『伝』は、それについて、こう述べている。「しかし若い夫にとっては彼女は死ななかった……青年の熱い血を持ち、人々と交際する能力を持ち、親しみやすく献身的な彼はその後ずっと妻《めと》を娶らず、その尽きることのない愛に満ちた心の流れを以後無数の〈悩める人々〉に注いだ。……こうなってみると果してどちらが正しかったのか？　生活力に溢れた青年が死ぬときまった娘と夫婦になるのを不幸と見た人々のほうだろうか。それともそういう結婚を永遠のさだめと感じた青年のほうか？」と（『伝』I 65頁）。

当時ヴェーバーは伯父に同情的であった。しかし、やがてヴェーバーにとっても問題は他人事ではなくなったのである。しかも、彼にとって事態はオットーより複雑だった。あとでマリアンネが彼の前に現れ、ヴェーバーは二つの愛の間で二者択一の決断を迫られることになったからである。「愛は惜しみなく奪う」残酷さを、おそらく彼は内面で味わったのではなかろうか。さすがにマリアンネの筆は、そこではオブラートにつつまれたような描写のうちに終わっている。だがヴェーバーにとって尊敬してやまないオットーの悲劇的とも思われた純愛に心底から衝撃を受けたことは確かであり、それがヴェーバーの結婚生活にも何ほどか影を投じていることは、確かなように思える。ともあれヴェーバーはこのときにはすべてを未決のまま、一八八四年ベルリンに戻り、ベルリン大学で勉学を続けることになった。

勉学と苦悩と

チャニングの思想と複雑な民族感情

ヴェーバーのシュトラスブルク時代に彼の思想形成のうえに見逃せないトピックが、そのほかに二つある。

一つは伯母イダの刺激で母も愛読した一九世紀初葉におけるアメリカの牧師チャニングの思想にふれ、深い影響を受けたことである。チャニングの思想的核心は人間の魂の無限の価値を信じ、宿命・欲望・恐怖・慣習にとらわれず、神以外の一切の権威から独立し自由であることである。個人も国家も神の誡命《かいめい》にもとづく同一の倫理規範に拘束されるものであり、国家権力をそれ自体として肯定することは許されない。個人を犠牲にした権力闘争は悪であり、戦争は原理的に否定されることになる。若きヴェーバーは、母への手紙で「宗教的なものがぼくにとって客観的という以上の興味を持てるものとなったのはこれがはじめてです」(『伝』I 71頁)と、その感動の模様を書き送っている。チャニングの独立・自由な「人格」という思想は、やがてヴェーバーがカントに沈潜する中で厳密な論理的定式化を得ることになった。それはのちに一九一六年二月「婦人」誌上に発表された「二つの律法の間」で、ボイマーとノルトベックとの祖国愛と福音という二つの律法にかんする論争への論評のなかでふたたび姿を現すことになる。

チャニングの「自由な人格」という思想は英米の経験論的自然法にみられる基本的人権の思想と同じであり、たとえヴェーバーがチャニングの絶対平和主義とその国家観に終生同じなかったとしても、あるいはニーチェの「権力への意志」に類比されるような権力への理解が示唆されていようとも、ヴェーバーの全思想体系を貫く一本の赤い糸であったことは看過されてはならないであろう。

他の一つはシュトラスブルクの在《あ》るエルザス地方の住民がいだく複雑な民族感情への開眼である。それを『伝』は、こう伝えている。「エルザスの民衆がわれわれプロイセンの軍人とこれほど親しもうとしたがらず、これほどわれわれに冷淡なあしらいをするのは本当に残念です。ただドイツ軍に入っている息子を持った母親だけは別です。たとえばぼくが後続部隊に何か伝えることがあって行軍の途中で中隊長に引返しを命ぜられ、プファルツブルク附近の一軒の農家でその後続部隊を待っていたときのことですが、農家のおかみさんが洗い桶一杯にコーヒーとパンと葡萄酒を入れて持って来てくれて、そのあとで全然お礼を受取ろうとしないのです。それというのも――と彼女は顔じゅう涙にして言うですが――、自分があなたにも親切にして上げれば、おそらくプロイセンのほうにも、その地で初年兵となっている自分の息子に同じようにしてくれる人々もいるだろうと思うから、と。――ヴァッサーボラック（ポーランド語を話す上部シュレジア人）やシュレジア人や、その他エルザス連隊の所在するところで、この哀れな女の望みがかなえられるかどうか、それは誰にわかりましょう」と(Ⅰ62頁)。ヴェーバーのこうした民族感情への開眼は、のちにポーランド人問題への終生にわたる関心、また、ユダヤ系ドイツ人社会学者ジンメルへの支持、アメリカ旅行の際の黒人問題への関心等々につながるものである。

司法官試補試験と学位論文のために

一八八四年に始まったベルリン生活は八年間つづいた。下宿生活は終わり、彼は両親の家から通学した。ベルリン大学ではベーゼラーの私法、ニーギディの国際法、グナイストのドイツ国内法とプロイセン行政法、ブルンナーとギールケの法制史、モムゼンとトライチュケの歴史学を聴講した。伯父ヘルマンと論争したトライチュケの講義はあまりに煽動的で、のちにヴェーバーによって講壇から自らの世界観を学生に押しつけるタイプの教授見本にされたほどであった。

一八八五～八六年冬学期をゲッティンゲン大学で送る。そこでの彼の生活は、ハイデルベルク時代に比べると、きわめて規則正しいものであった。「彼は厳しい学習計画を守りつづけ、時間割によって生活を律し、いろいろの科目を厳密に区切って一日の時間をそれぞれに割り振り、晩は下宿で味をつけぬ細切肉一ポンドと卵の目玉焼四個を自分で料理して彼なりに〈倹約〉した」(『伝』Ⅰ85頁)といった生活を送った。この猛烈な学習計画は一面では司法官試補試験を受けるための準備でもあった。一八八六年ゲッティンゲンで司法官試補の試験に合格する。

そのあとはベルリン大学での勉学生活がつづけられ、学位取得の準備に忙殺されていく。一八八七年将校としての訓練を果たすべくシュトラスブルクに行き、エミーに再会するが、彼女は精神症状で神経科病院に入院することになり、彼に重い苦悩を強いる日々が始まった。一八八八年ポーランドでの軍事訓練を受けた際、ヴェーバーは一八八六年ドイツ帝国議会で可決された「東部辺境法案」の実施状況を垣間見することができ、ヴェーバーに国境問題の文化政策的意義を痛感させるに至る。

同年ヴェーバーは社会政策学会に入会した。一八八九年ゴールトシュミットとグナイストの指導下に「中世商事会社の歴史——南ヨーロッパの文献による」で法学博士となった。その公開口述試験《リゴローズム》で著名なローマ史家テオドール＝モムゼンと大論争をし、モムゼンをして「自分が墓場へ向かわねばならないとき、『息子よ、私の槍を持て、私の腕にはもうそれは重すぎる』と誰にもまして私が言いたいのは、私の高く評価するマックス＝ヴェーバーに向かってであろう」と言わしめたことは有名である（『伝』92頁）。この論文で提起された中世商事会社の家共同態の解体から労働共同態の分離、その基礎上に継承された特別財産、連帯責任制をつうじての合名・合資・株式会社形態への発展が跡づけられるというシェーマは、のちの「倫理」論文における重要な準拠枠の一つとなっている。

ビスマルク

ビスマルク時代

学位取得につづいてヴェーバーは、大学の教授資格取得論文《ハビリタツィオーン》の準備にとりかかった。また司法官試補としての期間が終了し、彼はベルリンで弁護士を開業する許可を得た。一八九〇年帝国議会選挙で彼は最初の一票を父の属する国民自由党より右寄りの自由保守党に投じた。彼が現実に政治に関与した第一歩である。彼のこうした政治的関心を理解するには、かれが学生生活を送った一八八〇年代ドイツ国内の政治情勢を一望しておく必要がある。

この年代はまさに権勢をほしいままにしたビスマルクの時代であった。ビスマルクの背後にはエルベ河以東地域に盤踞《ばんきょ》する半封建的な土地所有者であって、また大農場の経営者でもあるユンカーとよばれる貴族＝領主層が立っていた。彼らはプロイセン国軍の指導勢力であり、領地内の常傭《じょうやとい》農業労働者であるインストロイテ層はその忠実な下士官として、強力な軍の中核をなしていた。彼らはまた熱心なルター派でもあった。こうしたユンカー勢力の宗教・軍事・政治力をバックに、ビスマルクは立憲君主制を標榜《ひょうぼう》しつつ、カトリック中央党をカトリック教会に対する文化闘争で牽制しつつ、他面では支持勢力と非支持勢力の入り交じる国民自由党をたくみに分断・統治することで、自らの独裁的な政治体制をきずきあげたのであった。国民自由党は右に自由保守党を分出し、左に進歩党と合同したドイツ自由党を分離し、一層ビスマルクへの適従を余儀なくされていく。ビスマルクの社会政策を支持し、保護関税・軍事力増強・社会主義弾圧政策に賛同する。要するにビスマルクが船を誘導したところへ彼らは上陸したのである。産業革命期を経過しドイツ資本主義の発展が本格化したにもかかわらず、その担い手であるブルジョアジーは政治的支配権を掌中にすることができなかった。このドイツ-ブルジョアジーの弱さは自由主義政党の分立と結びついており、反面ユンカー勢力の政治的指導能力の並々でないことを示すものであった。

父ヴェーバーはベニクセンのひきいる国民自由党にとどまり中道派として、左右両派への分裂はドイツ自由主義を危機に落とし入れるものだとしてその統一に努力していた。この判断と行動は父ヴェーバーが政治家として決して凡庸《ぼんよう》でなかったことを物語るものである。息子のマックスも父と基本的な立場では異ならなかったが、ビスマルクの人物評価の点では父と異なっていた。マックスは、こう批判する。「ビスマルクの人を遇する態度——彼が自分の事実上の独裁を確保するために、自分の範囲に独立的な優秀な政治的気骨ある人物の存在を許し得なかったこと、それ故部下の官吏をたがいに争い合わせ、それによって彼らを道徳的に傷つけ、私心のない人物(たとえばベニクセンのごとき)が責任ある地位に就くことを不可能にしたことであった。……それ故ビスマルクの行動において当時においてもその後においても彼〔マックス=ヴェーバー〕に特に唾棄《だき》すべきものと思えたのは、その飽《あ》くことのない権勢欲だった。この権勢欲のためにビスマルクは、いかなる優れた人物も自分の傍に立つことを許さず、そうすることによって自分をますます必要不可欠の存在として、このようにして国民が政治的に自分の保護下に立つような習慣を作ったのである」と(『伝』I 95頁)。

ビスマルクの卓越した統治能力は、ドイツを急速に世界の列強に伍する強国にまで仕上げた反面、ヴェーバー終生の政治的課題となった国民の政治的成熟という近代デモクラシーに不可欠な基礎条件の形成を圧殺する結果ともなったのである。もちろん、ヴェーバーはこうした結果をすべてビスマルク個人の政治的責任に帰したりはしなかった。「ビスマルクが我国にもたらした、自主的な信念の恐るべき破壊こそ、我国のあらゆる弊害の主要原因そのもの、もしくはその主要原因の一つです。しかしこれについてわれわれはすくなくともビスマルクその人と同じだけの責任を負っていないでしょうか?」(同頁)と、彼は語っている。一八九五年フライブルク大学就任講演「国民国家と経済政策」にみられる、ドイツ第二帝制とそれを主導したビスマルクの偉大さに対するヴェーバーのあのアンビヴァレントな姿勢は、すでにこの時期に芽生えつつあったことがわかる。この政治的に未成熟な国民の上に、皇帝ヴィルヘルム二世が一八九〇年ビスマルク失脚を機に権力を恣《し》意的に行使しようと立ち現れたとき、ヴェーバーは「高速の列車に乗っているが、次の転轍《てんてつ》場で正しい線路に入れられるかどうか心許《こころもと》ない」深刻な危機意識をいだいたのであった。

福音社会派会議と社会政策学会

一八九〇年教授資格取得のための論文作成に師のゴールトシュミットの他に、とくに高名な農業史家アウグスト＝マイツェンの指導を受けた。そのかたわら彼は自分の性格が実践的な弁護士の職業に向いているのではないかという疑問を払拭《ふっしょく》しきれずにいた。失敗に終わったが、ブレーメン市の法律顧問の地位を得ようと奔走したりしている。この時期に注目すべきは、伯母イダ、母ヘレーネの影響もあってか、宮廷付牧師シュテッカーの主導で設立された第一回福音社会派会議に参加し、そこで生涯の盟友フリードリヒ＝ナウマンと出会ったことである。ナウマンは「貧者の牧師」としてキリスト教社会主義的傾向の指導者と目され、マルクス主義に代表される社会主義をキリスト教の千年至福《ヒリアスムス》思想の世俗化形態としてとらえていた。彼はキリスト教社会主義の労働者党をつくりたいという希望をもっていた。ヴェーバーとの出会いは、そうした希望が非現実的であり、政治の課題は一般大衆の外的・内的幸福の実現――それすらも政策で実現するものなのか疑わしい――ではなく、逃れえない生存競争の苦しみの中にあっても人間の魂の高貴さ・偉大さ、われわれがドイツ国民に維持させたいと願う諸特性が失われないような外的環境を作り出すことにあり、そのためには国民の政治教育、政治的成熟への運動こそが真に現実的であることを彼に認識させた。ヴェーバーもまた、その線で終生ナウマンの政治活動を支援することになる。その意味では社会主義鎮圧法撤廃による労働運動、社会運動の昂揚に危機感をいだくキリスト者である各界の有力者、シュテッカー、ナトゥジウス、クレーマー、ドリアンダーのような宮廷教会派の指導者、カッタン、フォン＝ゾーデン、ハルナックといったリベラルな神学者、ラーデ、バウムガルテン、ゲーレ、ボーヌス、オルデンベルクといった反権威主義的な思想傾向の人びとに至るまでを包含する福音社会派会議は、ヴェーバーに恰好《かっこう》の場を提供するものであった。

ヴェーバーは、他方で自らの知的・実践的関心のはけぐちを社会政策学会（一八七三年設立）のうちにも見出していた。社会政策学会はドイツの工業化過程が階級対立を激化させたとき、その原因が一方では階級闘争を押し進める社会主義政党の存在と、他方ではマンチェスター派の自由放任的な利潤追求主義にあるとみて、労働問題、貧困の解決を社会正義という倫理的看点と社会政策の実施による不平等の是正をめざす経済的視点との結合裡に見出す学界、財界、官界の有識者たちによって結成されたものである。アードルフ＝ヴァグナー、グスタフ＝シュモラー、ルヨ＝ブレンターノ、ゲオルク＝F＝クナップといった当代の錚々《そうそう》たる経済学者が中心となって活躍していた。ヴェーバーは一八九〇年から九一年にかけて学会から当時やかましい問題になっていた農業労働者にかんする調査を委託され、エルベ河以東地域を担当することになった。それはやがて九〇〇頁の大冊となって、世に問われることになる。

苦悩にみちた結婚

一八九一年（最終決定は一八九二年四月）彼は師マイツェンのもとに『ローマ農業史、公法および私法に対する意義』を提出し、大学教授資格を獲得した。

ヴェーバーはここでローマの公法、私法上の大問題である私的所有という概念がどのようにして形成されたかを、土地が本来共同体所有であったことを示唆する公有地《アゲール・プーブリクス》の分解による私有地《アゲール・プリヴアトス》の形成裡に追及する。ヴェーバーは法制史の境界線を越えて経済史の領域に入りこみ、土地測量技術の考察から公有地の分割、その私有地化を押し進めた人びとが都市貴族・平民の大資本家層であり、帝政期のラティフンディウム（奴隷制大土地所有）が支配的になっていく状況を徹底的に分析し、土地にかんする私的所有が達成された事情を詳細に解明した。この論文はモムゼンとの論争を惹起《じやつき》するなど、専門家の注目を惹《ひ》いたが、また、彼の方法論的関心や後年の古代社会研究とのつながりなどの点でも止目されてよい内容を有している。大学教授資格を得たヴェーバーは、ベルリン高等裁判所での弁護士の仕事とならんで、一八九二年夏学期から師のゴールトシュミットが病気で休んだあとを受けて、ベルリン大学における彼の商法とローマ法の代講を行った。

その年の春父ヴェーバーの姪の娘マリアンネがベルリンに来た。二一歳のマリアンネはベルリンで自立すべく職業訓練を受けることを願っていた。やがてマリアンネはマックス＝ヴェーバーに好意以上の感情をいだくようになった。ヴェーバーもその愛に応《こた》えたが、母ヘレーネはヴェーバーの友人とマリアンネとの婚約を望んでいたので混乱が生じた。そのうえヴェーバーにとってエミーとの関係が未決の問題として残っていた。エミーは当時漸く回復途上にあっただけに、ヴェーバーの苦悩は深かった。同じ一八九二年秋ヴェーバーは南独の保養地で静養中のエミーに会いに行き、彼女

ヴェーバーと
マリアンネ

との関係を友愛のそれに変えた。『伝』を注意してみると、ヴェーバーは自分が彼女の愛を裏切っていないことを納得させるかたちで終わっている。エミーは最後までヴェーバーの本当の愛は自分にそそがれていたと信じて、彼とマリアンネの結婚を認めたのである。マリアンネはそれに対してヴェーバーの自分に対する長文の熱い愛の告白の手紙を載せることで応えている。こうして一八九三年における二人の結婚は、その心情において初発から単純な幸福につつまれたものではなかった。ヴェーバーは自らの家系にも、またエミーにせよマリアンネにせよ、いずれの家系にも精神障害の影が色濃くさしていることを慮ってか、マリアンネとの間には子供を生まない熱い友愛関係で終わることを決意したように思われる。そこにはエミーの影もあるいはあったかも知れない。ヴェーバーが性的充足を経験するのは、第一次大戦の少し前、それも結婚外の関係においてであった（ミッツマン、安藤英治訳『鉄の檻』、創文社、261頁～262頁）。

フライブルク大学からの招聘

一八九二年二人が婚約した年にヴェーバーは九〇〇頁に及ぶ厖大《ぼうだい》な調査報告書『ドイツ・エルベ河以東地域における農業労働者事情』を完成した。それはエルベ河以東地域にみられる領主制大農場では従来のドイツ人労働者に代えてポーランド人の季節労働者を雇傭するケースが増大する傾向にあり、彼らをつうじて流入するスラヴ系文化によってドイツ国境の厚い防壁は経済的にくり抜かれつつある危機的状況を暴露するものであった。ドイツ第二帝制の政治的・軍事的基盤は経済の面から震憾《しんかん》させられていたのである。だが、それに加えてヴェーバーは、そこにドイツ西部における産業《インダストリ》資本主義とは異なった発展傾向を示す農業《アグラール》資本主義の現象をみてとった。この点にこそヴェーバー報告書のすぐれて学術的な意義があるのだ。農業史の権威ゲオルク゠フリードリヒ゠クナップが、ヴェーバーの業績について「我々のもっている専門的知識は、もう過去のものである。我々は初めから勉強をやり直さなければならない」と述べたのも、故なしとしない。

この一八九二年春にヴェーバーはベルリン大学の私講師となり、翌九三年プロイセンの文部省局長アルトホフは彼をベルリン大学の商法、ドイツ法の員外教授に任用した。だが、同年七月フライブルク大学から経済学正教授に招聘されたとき、一つの問題が起こった。アルトホフ体制とよばれるほどの実力者アルトホフは、ベルリン大学の商法の正教授に彼を推薦しようと考えていた。アルトホフは、そのためにヴェーバーを引きとめるべく、彼がベルリン大学でのポストを確保するためにフライブルク大学の招聘問題を利用しているかのような風評を流したということで、アルトホフとヴェーバーの関係はこじれてしまった。そのうえヴェーバーは、いまは行政技術的な法律学よりも直接経済政策と関わってくる実践的な性格を帯びている経済学に、より強い関心をもつようになっていた。こうして、ヴェーバーは結婚を機に翌一八九四年秋、北の暗欝なベルリンを後に南の明るい陽光に澄むフライブルクへと移住していった。

教授就任演説

フライブルク大学はシュトラスブルク大学、ハイデルベルク大学とともに南西ドイツ文化圏の一極を形づくっていた。そこには新カント派の両雄ヴィンデルバントとリッカートがいた。のちアメリカに渡った産業心理学の先覚者フーゴー＝ミュンスターベルクもいた。ヴェーバーは幼な友達でもあったリッカートとは特に親しい関係になった。同門の経済学には、G＝v＝シュルツェ-ゲヴァーニッツがいたし、博識な文献学者ゴットフリート＝バイストもいた。

ヴェーバーは良き同僚にめぐまれ、週一二時間の講義と二つのゼミナールをこなしきり、そのうえ前年入会した汎ゲルマン協会支部でポーランド問題について講演したり、ナウマンの依頼で講義後フランクフルトに行き、「経済学の国民的基礎」――フリードリヒ＝リストの理論を想い起こさせるような題名である――を講演し、夜帰宅してから机に向かって朝まで講義の準備をするという多忙な生活を送った。彼はおよそ青白きインテリとはほど遠くまるで相撲取りのような大きな体格で、人びとにゲルマンの森から出てきた戦士といった印象を与えた。また、アルコールにも強く、田舎の酒場に友人、学生たちと出かけて痛飲し、一同がぶっ倒れて乾草《ほしくさ》運びの車に積み込まれたときにも、ヴェーバーだけはしっかりした足取りで跟《つ》いてきたという。

一八九五年五月フライブルク大学第二学期が始まったとき、ヴェーバーは大学就任講演「国民国家と経済政策」を行った。それは彼が手がけた東エルベ農業労働者事情の分析から始めて、経済的に上向しつつあるブルジョアジーには政治力が欠け、政治的に指導力をもっているユンカー階級は経済的に没落の運命にあるドイツの現状を、憂国の至情を秘めて醒めた眼で直視している。列強間の苛烈な争いに伍して歴史の歯車に手をかける重さを測りつつ、彼は経済政策の目標がよく言われる平和と人間の幸福という夢の実現にではなく——未来の子孫にわれわれの残したいと願っている諸価値を刻印づけるよう最大限の努力をすることにあるとし、それゆえ「ドイツ人の経済政策の価値尺度はドイツ的なものでしかあり得ない」と断言した。国民国家の権力関心こそが政策決定の究極要因でなければならない。ヴェーバーの見たドイツの現実はそれにはほど遠く、国民国家の権力関心が国民的利害を実現するには、何よりもまず歴史の生きた経験にもとづく国民の政治教育が必要であった。ヴェーバーの暗いが、パトスに燃えた論旨は広く人びとの耳目に衝撃を与えた。この講演は三一歳になったヴェーバーの「政治的」信仰告白といった趣きがある。その年の八月から一

○月までイングランド、スコットランド、アイルランドを初めて妻と二人して旅行した。

取引所論とナウマンの運動　一八九六年ヴェーバーにハイデルベルク大学から招聘《しょうへい》があった。彼はフライブルクにも去り難さを感じたが、学生時代の思い出があるハイデルベルクの吸引力は強く、彼はしばらくしてそれを受諾した。政治の世界とも距離が近くなった。ヴェーバーは一八九四年以来帝国議会で問題になってきた取引所改革論議に取引所調査委員会専門委員として政治に関わってきたが、この時期にナウマンの依頼で「ゲッティンゲン労働者文庫」のために啓蒙的な『取引所』（中村貞二・柴田国弘訳、未来社）論を書いている。それは一般にうさん臭く思われた取引所に対する蒙を啓《ひら》き、近代市場経済に不可欠な、かつ資本調達の面でも重要な機構であること、それに直接関与する人びとはどのような市民的徳性を要求されるか、が英米との対比で述べられている。ドイツの取引所はそれに照らすと、まだ十分に国民経済的に機能しておらず、定期取引も穀物取引では東部の大土地所有者層の利害に適従していると批判した。彼の取引所改革法案批判はきびしいものがあり、自らユンカーの敵と言われていると語ったほどである。

この年ヴェーバーは有名な「古代文化没落の社会的諸原因」という講演を行った。ここでは「ローマの平和」が奴隷市場の枯渇を招き、古代資本主義の根ざしていた流通経済的上部構造が崩れ去って、次第に自然経済に移っていく過程がマルクスの手法と見まがうような方法で分析されている。

その頃友人のナウマンはキリスト教社会主義の理念を具体化すべく国民社会派連盟の設立に着手し、ヴェーバーの協力を求めてきた。ヴェーバーは運動の非現実性を危惧《きぐ》しつつも協力を約し会員になった。彼の考えでは当面する政治課題は市民階級を支持するか半封建的なユンカー大土地所有者層を支持するかの二者択一しかなく、社会民主党は労働者階級解放のために市民階級に敵対する行動をとったがゆえに、結果的に反動への途を拓《ひら》いてしまったというのであった。ヴェーバーの危惧は現実のものとなり、ナウマンは選挙に敗れ、運動も大衆化せず、結局自由主義左派の自由思想連合に合流することになり、ナウマンはヴェーバーの考えに同調するに至ったのである。ヴェーバーの立場は当時学界、政界、財界を二分化して激しく争われていた農業国か工業国かの論争における工業国論者のそれに近く、福音社会派会議でも農業国論者に加担するオルデンベルクとの間に鋭い討論がくりひろげられた。一九世紀末葉のドイツは英仏露三国協商への潮流の中でミクェルのいわゆる結集政策《ザンムルングス・ポリティーク》が日程にのぼり、大きな時代の転換点に立っていた。そして、ヴェーバーの人生にも転機が訪れようとしていた。

「何もかもひどすぎる」

一八九七年四月ヴェーバーはハイデルベルク大学経済学部教授として講義を始めた。かつての師は、いまや同僚となった。とくに法学者ゲオルク＝イェリネック、神学者エルンスト＝トレルチとは親しい関係をもった。トレルチは一九一五年べ

ハイデルベルクの家

ルリン大学に移るまでヴェーバーの家の三階に同居していたほどである。ヴェーバーの家は千客万来となり、さまざまな有名知識人のサロンと化した。ホーニヒスハイムは『マックス・ヴェーバーの思い出』(大林信治訳、みすず書房)の中で、ヴェーバーが「ハイデルベルクのミュートス」とよばれていたことを伝えている。

大学での講義は理論経済学および実践経済学であり、後者はさらに商業・工業・交通・農業政策の各論に分かれており、そのほか労働問題も講義している。一八九七年冬学期の農業政策(農政学)の中で、ヴェーバーは初めて後の「倫理」論文にみられるテーマを萌芽的ながら扱っている。ヴェーバー積年の学殖がいまや漸く開花の時期を迎えようとしていた。

順風が吹くかにみえた彼の人生は、しかし、この年内外両面でブレーキがかけられることになる。外的には取引所改革をめぐる取引所委員会の最終決定にあたって委員会のメンバーからはずされたこと、ザールブリュッケンからの帝国議会への立候補の依頼を断わったこと、内的には父母の確執と破綻であった。その発端はヘレーネが祖母エミーリエの残してくれた遺産の一部を社会事業に使いたいといったとき、父によって抑圧されてしまったこと、および息子カールの家庭教師でヘレーネの気に入っていた神学生を父が追い出してしまったこと、にあった。ヴェーバーには父の専断的な家長的権威によって母の大切な精神の自由が不当に危険にさらされていると感じられ、父と激烈な口論となった。父は友人と旅に出て八月一〇日リガで亡くなった。ヴェーバーに自責の念が重くのしかかり、それがこれまでの過重・過密な研究生活を加圧して、秋になるとヴェーバーは心理的・肉体的に神経過敏症に悩まされるようになる。マリアンネは書いている。「何もかもひどすぎる。彼は苦痛なしに、読むことも、書くことも、しゃべることも、出かけることも、ねむることもできない」と。一八九八年春、冬学期末に重い鬱病の徴候が現れる。そして、ジュネーヴのレマン湖への保養の旅に出る、夏はボーデン湖畔のサナトリウムに滞在した。それでも一八九八年冬学期まで講義はつづけられる。クリスマスからふたたび鬱状態が重くなり、一八九九年夏学期はついに休講せざるをえなくなった。

教授辞職

ヴェーバーの病気については、多くの説がある。彼の家系に精神障害の血が流れていることは、すでに述べたごとくであるが、彼の場合は他のさまざまな要因、父と伯父との間、父と母との間、エミー、マリアンネとの三角関係、マリアンネとの友愛的夫婦生活、のかもし出す諸価値の葛藤、が彼の心から自らとの同定化《アイデンティフィケーション》へのエネルギーを著しく奪い、その克服に過重・過密な仕事への熱中という現象が生まれたのではなかろうか。そうした心の張りが父の突然の、それも彼の容赦ない仕打ちに起因する家出同然の、旅先での死とともに瓦解《がかい》したとき、彼が自らの精神安定のために営々と張りめぐらしてきた壁は崩れ去り、何かをする能力が失われてしまったのである。じっさい彼自ら自分の仕事へのエネルギーが何か病的傾向のものであったことを認めている（『伝』I 188～189頁）。

一八九九年冬学期は農業政策の講義だけが行われたが、またもや欝状態が起こり、ヴェーバーは辞職を決意するが、大学側は長期の休暇を認めた。一九〇〇年秋ヴェーバー夫妻は地中海の陽光を求めてコルシカへ旅行する。翌年三月南イタリアへ、夏はスイスで静養する。ヴェーバーが一つも論文を書かなかったのは、一生でこの一九〇一年だけである。その冬はローマですごした。容態は回復しはじめ、彼は史学研究所図書館で修道院の歴史、制度、経済にかんする古文書を読みふける。一九〇〇年にでたジンメル『貨幣の哲学』は、彼にとって刺激的だった。「倫理」論文の構想が熟しはじめた。一九〇二年「ロッシャーとクニース」論文の執筆にとりかかる。一九〇三年病状は一進一退で結局同年一〇月三九歳で、彼は最終的に教授職を辞し、学位審査権ならびに学内での発言権をもたない名誉教授となった。この年も三月はローマ、夏はオランダ、ベルギー、一〇月またオランダへ旅行する。自ら「ため息の出るような」と形容した論文「ロッシャーとクニース」が「シュモラー年報」に発表された。「創造の新局面」が始まったのである。「倫理」論文の作成にとりかかった。

創造の新局面と問題意識

学問上の転回点

一九〇四年は、彼の学問のうえでも転回点であった。彼はエドガー゠ヤッフェ、ヴェルナー゠ゾンバルトとともに「社会科学と社会政策雑誌《アルヒーフ》」（前身はハインリヒ゠ブラウン編集「社会立法と統計学雑誌」一八巻まで）の編集を引き受け、やがてそれをドイツの学界における指導的な雑誌にまで育て上げた。社会科学史のうえでも画期的な「社会科学的および社会政策的認識の『客観性』」ならびに、「プロテスタンティズムの倫理と資本主義の『精神』」（一）は、この年の「雑誌」第一九、二〇巻に発表されたものである。有名な「理念型」という方法概念は、この「客観性」論文で初めて現れた（詳しくは第III章参照）。そして、「倫理」論文ではこの方法概念が縦横に使われているのを見るであろう。おそらく彼はマルクスの『資本論』を徹底的に読破し、その論理構成を自らの理念型概念で把え直して、産業資本生成の謎をマルクスが解明した点のさらに先までわけ入って解くことに成功した。マルクスも「貨幣から資本への転化」には一連の世界史過程の展開が不可欠の要件であるとしたが、ヴェーバーはその「転化」にはある独自な精神の協働が決定的に重要であったとし、その精神はルター、カルヴァンの宗教改革に始まる禁欲的プロテスタンティズムの天職《ベルーフ》観念に由来し、いわばその鬼子として生誕したものである所以《ゆえん》を明らかにしたのであった。この論文は思想における固有法則性を立証した点で、マルクスが経済におけるそれを明らかにしたのと対重的な意義を有するものである。ヴェーバーはこの年さらに、「プロイセン世襲財産の農業統計・社会政策的考察」を「雑誌」第一九巻の三に、また、「古ゲルマン社会制度の性格をめぐる論争」を「経済学・統計年報」第二八巻の四に発表している。前者はドイツの工業化過程が地帯構造を異にする東・西エルベ地方全体をおおうに至った結果、ユンカーのブルジョア化、ブルジョアジーの封建化という乱気流が生じ、世襲財産増大の傾向が農業資本主義の支配に帰結するであろう所以を鋭く批判したものである。ヴェーバーのドイツ資本主義論を理解するうえでもきわめて重要な論文でもある。「古ゲルマンの社会制度」は中世ゲルマン的農業共同体が古代のそれと異なり形式的平等の原理に立脚している事由が解明されており、東・西エルベ地方の地帯構造における差異が市場構造の差異と関連づけて説明されている点は注目されてよいであろう。両論文はいずれも「倫理」論文の内容理解に不可欠のものである。

一九〇四年八月から一二月までヴェーバー夫妻は友人トレルチとともに、旧友ミュンスターベルクの招待でセントルイス万国博を機に開催された世界学術会議に出席すべくアメリカに旅行をした。そこでヴェーバーが行った講演「ドイツの農業問題の過去と現在」は、彼の唯一まとまったかたちでのドイツ資本主義論として止目すべきものである。彼はアメリカ各地を旅行し、アメリカの民主主義、官僚機構、黒人問題、プロテスタント諸教派《ゼクテン》の実態について多大の知見を得た。それは「倫理」論文の続稿、政治論文、宗教社会学的研究の裡にはっきりとみて取ることができよう。

第一次ロシア革命に際して

一九〇五年第一次ロシア革命が勃発した。ヴェーバーはスラヴ的なロシアに自由の燈がともるか否かに熱情的とも思えるほどの関心を向け、三ヶ月でロシア語を習得し、ロシア語の新聞を読み、切抜きを作り、ロシア君主制の運命を追求し、ロシア革命にかんする長大な論文を作成する。スラヴ農民の共同体ミールが彼の心をとらえた。晩年のマルクスと似た問題意識がヴェーバーの脳裡をよぎった。だが、革命の前途に対しては悲観的だった。ヴェーバーは社会政策学会に出席し、労働者のストライキ権、労働組合問題などでシュモラーらと論争し、ブレンターノ、ゾンバルト、シュルツェ゠ゲヴァーニッツらと学会左派として発言力を強めていった。大学問題にもしばしば発言するようになる。ヴェーバーによるジンメルのハイデルベルク大学への招聘はユダヤ系であるとの理由で拒まれ、ロベルト゠ミヘルスの場合は、社会民主党員であることでつぶされた。一九〇六年には社会民主党大会に出席し、その小市民的雰囲気に失望する。「ロシアにおけるブルジョア民主主義の現状」、「ロシア、擬似立憲主義に移行」を「雑誌《アルヒーフ》」第二二、二三巻に発表した。また、アメリカ旅行の一成果である「〈教会〉と〈ゼクテ〉」を「フランクフルト新聞」に、また「北アメリカにおける〈教会〉と〈ゼクテ〉」を「キリスト教世界」第二〇巻に発表した。

一九〇七年春ヴェーバーの鬱状態が始まり、三月コモ湖に旅行する。祖父カール＝ヴェーバーが亡くなり、その遺産は彼の生活をかなり安定的なものにしたが、反面利子生活者《レントナー》としてのコンプレックスも免れがたかった。この年弟のアルフレート＝ヴェーバーがプラーハ大学からハイデルベルク大学に移ってきた。ヴェーバーの家での知識人の集まりはいよいよ度を増して行く。その頃出入りした主な顔ぶれは、エミール＝ラスク、ミーナ＝トープラー、フリードリヒ＝グンドルフ、カール＝ヤスパース夫妻、ヴェルナー＝ゾンバルト、ロベルト＝ミヘルス、ゲオルク＝ジンメル、ゲルトルート＝ボイマー、パウル＝ホーニヒスハイム、K＝レーヴェンシュタインらであった。

工業労働調査と大学論

一九〇八年一月、政府の三級選挙法に対する一般世論の抗議が高まり、ハイデルベルク大学では国際哲学者会議が開催された。ヴェーバーは春ひとりでプロヴァンスとフィレンツェに行っている。

工業労働の性格がどのような相貌を呈していくかが、「倫理」論文の線上で彼の関心を強く惹きつけた。秋エールリングハウゼンの伯父の織物工場で今日いうところの労働経済学的看点から詳密な実態調査を行う。それは社会政策学会が全国的規模で計画した工業労働者調査の一環でもあった。やがてそれは方法論的な「封鎖的大工業の労働者の適応と淘汰（職業選択と職業運命）に関する調査のための方法的序説」、「工業労働の心理物理学」（鼓《つつみ》肇雄《はつお》訳、日本労働協会）となって結実する。

またロベルト＝ミヘルス問題に端を発し、社会民主党員には大学教授資格を与えないというドイツ各大学の慣習を激しく批判した論文「ドイツの大学におけるいわゆる『教職の自由』」を「フランクフルト新聞」九月二〇日号に掲載し、当時話題となっていたベルリン大学とプロイセン文部省間の紛争、いわゆる「ベルンハルト事件」にみられる「アルトホフ体制」をきびしく糾弾した。それはプロイセン文部行政と大学行政との癒着《ゆちゃく》から生じる腐敗の実態を暴露するものであった。

ヴェーバーは、当時社会政策学会が伝統的に学問研究と政策とを無批判に結びつける傾向を有することをあきたらずに思い、学問的な経験科学的研究を推進する場を設けたいと望んでいた。やがてそれは学問の自律性（それ自体一つの価値領域を形成する）をめざす「価値自由」論文へとなっていき、他方それは大学における「教職の自由」（↓教壇禁欲）にかんする一連の論文に実っていく（上山安敏他編訳『ウェーバーの大学論』、木鐸社、参照）。この信条にもとづき、ヴェーバーは、「社会学会」設立に向かって動きはじめる。こうした動きの中でヴェーバーは『国家科学中辞典』の一項目として大論文「古代農業事情」（弓削達・渡辺金一訳、東洋経済新報社）の作成に没頭する。ここでヴェーバーの「資本主義」概念は大きく変貌し、「古代資本主義」という用語法が登場してくる。この論文は晩年のヴェーバーの構想が出はじめた最初期を示すものである。出版社パウル＝ジーベックからシェーンベルク『政治経済学ハンドブック』四巻が古くなったので代わりの企画をもちこまれた。彼は快諾し五部九分冊の『社会経済学講座』の編集を引き受け、第一部『経済と経済学』第三分冊『経済と社会』をオイゲン＝フィリポヴィッチと分担執筆することにした。この編集プランは一九一四年段階で修正され、一九二〇年にさらに最終的な変更が加えられることになる。マリアンネがヴェーバーの死後残された原稿を彼女の考えで編集したところから、のちにマルクスの「『資本論』プラン」問題に匹敵する「『経済と社会』プラン」問題が生じることとなった。

価値判断論争と性解放論

一九〇九年ヴィーンで開かれた社会政策学会はフィリポヴィッチの「国民経済の生産性の本質」という報告をめぐって、生産性概念に価値判断の混入を指摘して鋭く批判したヴェーバー兄弟、ゾンバルト、テンニース、ゴットルらに対してシュモラーをはじめオットマル＝シュパーン、ゴルトシャイト、ノイラートらが反対の側に廻った。こうして史上有名な「価値判断論争」の火ぶたが切って落とされたのである。それは一九一四年の社会政策学会の価値判断論争討議特別委員会におけるヴェーバーの「討議資料」の廻状が、第一次大戦勃発とともに委員の一致を見ないまま終わるまでつづく。一九〇九年一月三日ヴェーバーはベルリンで「ドイツ社会学会」の共同設立者となり会計係を引き受けた。会長は『ゲマインシャフトとゲゼルシャフト』で著名なフェルディナント＝テンニース、幹事はジンメルとハインリヒ＝ヘルクナー（やがてゾンバルトと交代）であった。一九一〇年フランクフルトで第一回の社会学会が行われた。厳密な経験科学の場であることをヴェーバーは望んだが、一九一〇、一九一二年の社会学会で価値判断の是非をめぐってル

フロイト

ドルフ=ゴルトシャイトと激しく対決するに至り、失望と落胆は諦めに変わり、一九一三年社会学会から最終的に脱会してしまう。他人に「実行不可能と思われる原理のドン・キホーテ」との評がくり返されるのに嫌気《いやけ》がさしたからである。

その頃ハイデルベルクでは、フロイトの弟子といわれるオットー=グロースの「性解放」論が知識人たちの間に旋風を巻き起こしていた。彼はヴィクトリア朝的な因循《いんじゅん》で貞淑な一夫一婦観を攻撃し、自然の健康さを判断の尺度においた。一切の衝動の抑制は、「抑圧」になるという、そして抑圧の除去こそは深層の意識に発するすべての不安を消散させるであろうという、彼の想定はヴェーバーには容認できなかった。もしそれが正しければ、自由のために闘っているブーア人は不安の感情を消散し、健全な神経になるには、すべからく戦線から逃亡するようすすめなければならないだろう。彼は男性優位を批判する女性解放運動の歴史的意義を認め、マリアンネがその運動に積極的に関与することに賛同していたが、それは自由恋愛を奨励し一夫一婦制を攻撃する自由思想とは一線を画するものであった。しかし、時代の風潮は自由思想の側に利した。ヴェーバーは、これを機にフロイトの理論を徹底的に研究し、現在なお生成の途上にあるが、十分に精密化されれば、やがて社会科学においても利用可能となるときが来るかも知れないという見通しをもつに至った。それには、あるいはマリアンネとの間における性衝動「抑圧」の事態が、ヴェーバー自身の生体解剖といった実験対象になったかも知れない。少なくともヴェーバーが意識の深層に眼を向けたことは、すでに「倫理」論文、「ゼクテ」論文で宗教意識の在り方に分析のメスを入れていた文脈からみて、それの理解を一層深める方向に作用したことであろう。神秘主義への評価にあるひろがりが生じたこと、預言者の心理分析を可能にしたこと、などは『世界宗教の経済倫理』の諸論文、とくに「ヒンドゥ教と仏教」、「古代ユダヤ教」のうちに跡づけることができるのではなかろうか。

ミッツマンはエドゥアルト＝バウムガルテンとのインタビューをもとに、ヴェーバーが一九一〇年春イタリア旅行において、ヴェネツィアでハイデルベルク大学での教え子エルゼ＝リヒトホーフェンと、ついに師弟の一線を越えたことを『鉄の檻』で報じている。エルゼはすでにヤッフェ夫人であったし、妹のフリーダはイギリスの有名な作家で『チャタレー夫人の恋人』の著者ロレンスの夫人であった。

二つの研究の大きな懸隔

一九一〇年ヴェーバーはマリアンネ誹謗《ひぼう》の件で、ある新聞記者および彼に資料を提供したハイデルベルク大学の一教授と名誉裁判事件（決闘威嚇を伴っている）でもって法廷で争うことになる。ことの是非を究極まで押し進める祖父以来の性格は、ここでも発揮されたが、勝ちが明白となると、男らしく相手を許した。しかし、それはかつての同僚の経歴を台なしにし、ハイデルベルクの世論も冷たいものがあった。

一九一一年一〇月一三日ドレスデンにおける第四回大学教員会議の席上ヴェーバーは、プロイセン文部省局長、故フリードリヒ＝アルトホフの文教・人事政策および商科大学の学友会制度を激しく攻撃し、ジャーナリズムとの広汎な論争をよび起こした。フライブルク大学学友会の祝宴で無批判に軍国主義が謳歌されたことを「フランクフルト新聞」が批判したとき、ヴェーバーはこれを支持し、フライブルク大学教授団と批判の応酬が行われた。

一九一一年から一三年にかけてヴェーバーは『経済と社会』第二部（現行版）に含まれている原稿の作成にかかっていた。と同時に、『世界宗教の経済倫理』に結実する諸世界宗教の研究も行っている。なぜ彼が「倫理」論文末尾に記している続稿のプランを変更して『世界宗教の経済倫理』の研究に向かったのかは、なお確証されてはいない。ヴェーバーは、一九二〇年の「倫理」論文改訂稿末尾で、トレルチの大著『キリスト教会と諸集団の社会教説』が刊行されたこと、およびこの論文を孤立化させず宗教と社会の普遍史的な関連のなかに位置づけるために、こうした比較宗教社会学的研究が企図されたのだと述べているだけである。しかし、「倫理」論文が純粋に歴史学的な研究であり、歴史的個体としての近代資本主義の形成史が対象であるのに対し、『世界宗教の経済倫理』は「宗教と社会の普遍史的関連に関する比較研究」、すなわち、宗教社会学的な研究であり、性格が全く異なっているのである。この問題意識にみられる大きな懸隔は、いかにして生じたのであろうか。

「合理化」の概念

その意味でも一九一三年という年は、ヴェーバーの業績にかんする作品史的研究にとって、きわめて注目すべき年なのである。『経済と社会』第二部（現行版）に収められている原稿の大部分は、相当程度書かれていた。とくに法社会学、宗教社会学、都市社会学、音楽社会学にかんする部分が、そうである。そして、これらの文化領域を分析するために方法概念を整序する試みとして、「理解社会学の若干の範疇《はんちゅう》について」（林道義訳、岩波文庫）が、「ロゴス」誌第四巻に発表されている。『社会経済学講座』に寄稿する準備が着々と進んでいる模様は、一九〇八〜〇九年段階のプランに比べて担当の第三分冊『経済と社会』の標題が、「経済と社会諸秩序および社会的諸力」と明確化されていることの裡にも反映している。この経済と社会諸秩序と社会的諸力を相互に関連づける鍵鑰《キィ》概念が「合理化」であったことは、これまでの多くの研究が明らかにしてきたところである。

西洋近代の初期を特徴づけている禁欲的合理主義と人文主義的合理主義に対するヴェーバーの強い関心は、すでに一九〇五〜〇六年に発表された「倫理」論文のうちにはっきりと看取できる。しかし、それはあくまでも歴史的個体としての近代西洋文化の経済的側面を解明することに向けられており、宗教と社会の普遍史的関連に言及した部分は、すべて一九一九〜二〇年の改訂版での加筆であることが、今日では明らかになってきている。作品史的にみてその手がかりとなるのは、「音楽社会学」の草稿であろう。そこでは音の合理化過程が世界各地域、各時代にわたって、汎時的《パンクロニック》・通時的《シンクロニック》に辿られていて、「合理化」概念に対してまさしく「普遍史的」な枠組が与えられているからである。女流ピアニスト、ミーナ＝トープラーとの関係が、この文脈において重要となってくる。

この時期に『世界宗教の経済倫理』に収められている世界宗教にかんする比較宗教社会学的研究のプランも熟してきていることは、『経済と社会』第二部（現行版）に収められている「宗教社会学」の草稿が示唆している。というのは、『宗教社会学論集』第一巻末尾に付された「中間考察」は「宗教と社会の普遍史的関連の比較研究」を極度に圧縮して描写してみせた珠玉の小品であるが、その構図はこの一九一三年頃には書かれていたと推定される「宗教社会学」の後半部分にすでに形を現しているからである。ヴェーバー晩年の思想で最も重要な「普遍史」の概念が、「合理化」概念と相即していることは、以上の指摘から明らかであろう。と同時に、ヴェーバーの「合理化」概念が歴史における「非合理的なるもの」Das Irrationale を解明するための方法概念として開発されたものだということも理解されてこよう。ヴェーバーが晩年しだいに神秘主義（たとえば、仏教）、深層意識（たとえば、ニーチェのルサンチマン）に関心を深めていった事情も、この文脈でとらえるべきではなかろうか。

サロンの人々

一九一〇年から一三年にかけてヴェーバーのサロンには東欧からの人びとがスラヴ系文化をもちこんだ。ジェルジ＝ルカーチ、エルンスト＝ブロッホ、その他のロシア革命の亡命者がハイデルベルクに集まってきた。

ヴェーバーにとってとくに有益だったのは、ルカーチとの出会いであったろう。彼をつうじてヴェーバーはトルストイ、ドストエフスキー、キェルケゴールなどの思想への関心を深めていった。とくにトルストイの原始キリスト教的な愛の思想はヴェーバーの興味を惹き、彼はトルストイについて論文を書く予定であった。

ミュンヘンからはグンドルフの仲介でシュテファン＝ゲオルゲが訪れてきた。精神的貴族主義を体現した詩人ゲオルゲとの対決は、『伝』に活写されている。その頃のミュンヘンは、シュヴァービングのカフェ街に代表されるような世紀末の雑種文化が渦巻いていた。エーリッヒ＝ミューザムのようなアナーキスト、性の解放論者オットー＝グロース、そしてコスミッシェ-ルンデのクラーゲス、神秘主義的で芸術至上主義のゲオルゲ-クライス、といった広義における「生の哲学」につながる思想的諸潮流が満ち満ちていたのである。エルゼやジンメル夫人もゲオルゲ-クライスの影響下にあった。

一九一三年の春と秋にヴェーバーはひとりで、ミューザムやグロースが北イタリアのラ-ゴマ-ジオーレ湖のアスコーナ（モンテ-ベリタ）に「アナーキスト、自然愛好者、菜食主義者その他の現代のセクトの人々」からなる「コンミューンの生活圏」を作っているところに入って生活を共にした。『伝』

にはマリアンネが「シュヴァービングの女王」とよんだF＝レベントロウ伯爵夫人も登場してくる。おそらくヴェーバーにとっては全く新しい体験であったろうが、すでに「宗教と社会の普遍史的関連」への問題意識が芽生えてきていたヴェーバーにとっては、こうした文化を理解する受け皿が内部に用意されていたとみてよいであろう。

第一次世界大戦と晩年のヴェーバー

「偉大ですばらしい戦争」

一九一四年八月第一次世界大戦の勃発とともにヴェーバーは予備役将校として、ハイデルベルクの予備軍病院委員会で勤務することとなった。軍紀将校として彼は、合計九つの陸軍病院を整備し、一九一五年末までこれらの病院の管理を引き受けた。彼にとって病院管理は官僚制のメカニズムを理解するうえで貴重な経験であったにちがいない。

病院勤務から退いたヴェーバーは、世界宗教の宗教社会学的研究に打ちこんでいった。「儒教と道教」が印刷に付された。『世界宗教の経済倫理』の遠大な世界が、いよいよその姿を現しはじめたのである。建築学教授であった弟のカール＝ヴェーバーが戦死した。エミール＝ラスクも。ヴェーバーには戦争が最初からドイツに不利であることは分かっていた。しかし、「それでもやはりこれは、偉大ですばらしい戦争」に思われた。彼は「フランクフルト新聞」紙上で幅広いジャーナリスティックな活動を展開した。ポーランド征服とベルギー進駐は彼にドイツの併合政策を批判する根拠を与え、また、無制限潜水艦戦にはアメリカの介入を惹起し、ドイツに不利であるとして反対の態度を

ラウエンシュタイン城で

公けにした。一九一六年月刊誌「婦人」の平和主義をめぐる論争に加わり、「二つの律法の間」を書いて、平和主義への自分の立場を明らかにしている。この立場は、のちに「職業としての政治」の講演でふたたび鮮明に示された。この年「ヒンドゥ教と仏教」が発表された。日本の宗教にも言及し、とくに真宗についてキリスト教に近似する点が止目されている。

ラウエンシュタイン会議

一九一七年五月と一〇月、ヴェーバーはドイツの将来を討議するためイエナの出版業者オイゲン＝ディーデリヒスが企画した「ラウエンシュタイン会議」に出席した。学者ではタルゥジウス、マイネッケ、ヤッフェ、ゾンバルト、テンニース、芸術家ではR＝デーメル、R＝エルンスト、J＝ヴィンクラー、フェルスホーフェン、W＝v＝モーロー、ジャーナリスト・実務家ではG＝ボイマー、テオドール＝ホイス（戦後西ドイツの初代大統領）、グラボフスキー、カンプフマイアー、シェフラー、マウレンブレッヒャー、若い世代ではブレーガー、クローナー、ウフォフ、トッラーたちが加わった。

討論のテーマは文化と政治の関わり合いについてであったが、狙いは戦後を見通して新しいドイツ精神の形成にあった。『伝』はこの会議の重要性を伝えているが、ヴェーバーは秋の会議冒頭に「人格と生の諸秩序」と題する講演を行っている。これはすでに発表した「中間考察」を下敷きにした内容であったろうということは、その題名からも察知できるところであるが、『伝』がヴェーバーの異常なまでの精神的昂揚を述べている点は留意されてよいであろう（『伝』II 448頁）。彼はこのときにはすでにあの「宗教と社会の普遍史的関連」を見透《す》かすことができていた。そのすばらしい成果への遠望が、彼にあのような精神的昂揚をもたらしたのではなかろうか。

この講演の頃ヴェーバーは「古代ユダヤ教」の原稿を書いており、その続稿のプランもできていた（『伝』II、442～443頁）。それは一九一九年一〇月二五日発行の「ノイヒカイテン」および「雑誌《アルヒーフ》」第四四巻の一に載ったプランとを対比すれば、明らかである。そこでは、現行の第二巻「ヒンドゥ教と仏教」、第三巻「古代ユダヤ教」が一括して第二巻とされ、「詩篇とヨブ記」が付加されることになっていた。そして、「古代ユダヤ教」に付されている「パリサイ人」は第三巻冒頭に入り、それはタルムードのユダヤ教、原始キリスト教、イスラム教を扱うことになっている。最終の第四巻は西洋の市民階級とキリスト教を対象にするものであった。こうした構想でヴェーバーは、一九一七年から一九年にかけて「古代ユダヤ教」を「雑誌《アルヒーフ》」に連載していったのであった。

一九一七年はヴェーバーにとって政治問題に対する発言が最も活発な年でもある（第II章参照）。軍の検閲当局は、ヴェーバーがプロセインの三級選挙法を批判した論文を掲載した「フランクフルト新聞」四月二六日号を差押さえた。ヴェーバーはこの頃よりしだいに発言の力点を、ドイツの対外政策批判から内政問題の検討に移していった。

戦後ドイツの新秩序

ドイツの国家的＝歴史的存続の前提は、これまでのような官憲国家ではなく議会主義に立つ国民国家であることが明らかとなり、現行憲法の改正が必要視されてくる。「フランクフルト新聞」にこれらの内政問題を扱った多くの論説が掲載され、のちに別個に独立の冊子『新秩序ドイツの議会と政府』（中村貞二他訳『政治論集』II所収、みすず書房）として出版された。一九一七年春アメリカの参戦とともに、ヴェーバーはドイツの敗北を覚悟しはじめたのである、戦後ドイツの新秩序は如何にあるべきかが、彼の最重要な政治課題となった。三月ロシア革命が勃発し、一一月ソヴィエト政府が成立した。祖国ドイツは破局に向かって確実に動いていた。

一九一七年一一月七日ミュンヘンのシュヴァービング地域にあるシュタイニック書店の暗くて細長い広間《クンストザール》で、非学友会派学生同盟の学生たちを前に有名な「職業としての学問」の講演が行われた。敗戦を見通して、ヴェーバーの言葉は暗くきびしいものになっている。

一九一八年ヴェーバーは、大学の講義ができるようになったか否かをテストする意味で、ヴィーン大学の夏学期に経済学の授業を行ってみた。「唯物史観の積極的批判」と題する講義は、当時学生として聴講した歴史民族学者ヴィルヘルム＝コパーズによれば、「ヒンドゥ教と仏教」を主な題材としてカースト制度を論じたものであったという。

その間もヴェーバーのジャーナリスティックな活動はつづけられ、連邦主義的な憲法草案の作成を行っている。

ドイツの敗戦

三月ブレスト-リトフスクの和議が成立し、一一月にはキール暴動、全国にストライキが波及、ミュンヘンにレーテ（労兵協議会）政府が樹立され、皇帝は退位してドイツの敗戦は決定的となった。弟のアルフレートやナウマンの要請でドイツ民主党に加入した。一九一八年秋、ヴェーバーはミュンヘンにいて、バイエルンにひろがっていく分離主義的で急進的平和主義の風潮と対決していた。一一月七日アイスナーが政権を掌握した。ヴェーバーにとってこの革命は単に「血なまぐさいカーニバル」にすぎなかった。ヴェーバーはやっと共和制が不可避であることを認めるようになった。マイネッケが巧みに表現しているように、当時の多くの知識人は心情の君主制主義者から悟性の共和制主義者へ変わったのである。

敗戦後最初の国民議会選挙が一九一九年一月に行われ、ヴェーバーはフランクフルト選挙区で民主党から立候補するが、地元有力者に妨げられて断念する。だが、ヴェーバーは内務省の憲法草案大綱審議会の一三人中ただ一人の民間人として参加することになった。それに関連してヴェーバーの議論はもっぱら戦争責任の問題に向けられていく。

激動の中の研究

一九一九年のドイツは多難であった。スパルタクス団の蜂起があり、一月一五日ローザ＝ルクセンブルク、カール＝リープクネヒトが暗殺され、二月にエーベルトが大統領に就任する。四月にはミュンヘンの革命政権が瓦解し、七月ヴェーバーもドイツ側の一員として加わったヴェルサイユ講和条約が締結された。

八月盟友ナウマンが死に、一〇月母のヘレーネが亡くなった。ヴェーバーはこの年一月二八日同じシュタイニック書店のクンストｰザールで非学友会派学生同盟の学生たちに「職業としての政治」を講演した。三月一二日には「西洋のブルジョアジー」、一三日には「学生と政治」を講演している。六月半ばにヴェーバーはミュンヘン大学教授としてブレンターノの講座を受け継ぎ、社会学の講義をすることになった。エルゼはそれ以前からミュンヘンに住んでいた。マリアンネはバーデン州議会の議員になり、婦人運動の指導者としてハイデルベルクにとどまった。変則的な半期の夏学期にヴェーバーの行った講義は、丁度新しく執筆した『社会経済学講座』第一部第三分冊の『経済と社会』第一部第一章「社会学の基礎概念」を内容とするものであった。だが、あまりに抽象的で難解であるという学生の声に応えて、冬学期には「普遍的社会経済史要論」を講義した。ここには晩年のヴェーバーの社会理論が極度に圧縮されたかたちで示されており、彼のいう「普遍史」が何を意味するかを、何ほどかではあるが示唆している。

この時期ヴェーバーは、宗教社会学的研究の成果を初めて著書のかたちで世に問うべく、「倫理」論文、「ゼクテ」論文の改訂作業に従事していた。「儒教と道教」も、『世界宗教の経済倫理』序論ならびに「中間考察」にも綿密な修正および加筆がなされ、「ヒンドゥ教と仏教」、「古代ユダヤ教」は二巻に分けられ、一応それぞれの校閲が終了している。と同時に、『経済と社会』のプランも大幅に変更され、現行版で第一部とされている概念図式論《カズイスティーク》が分冊形式で出版されるべく準備がすすんでいた。一九一九年末には現行版の第三章「支配の諸類型」は、「経済と支配」という仮題が示しているように、まだ未完成の段階にあったようである。テンブルックが鋭く指摘しているように、ヴェーバーが晩年意図した『経済と社会』は、一九一四年のプランにもとづいている現行版の第一部、第二部構成とはかなり異なった構成内容を有するものとなるはずだったらしい。一九二〇年夏学期の「一般国家学」にかんする講義も、レーテを論じた「社会主義」の講義も、「支配の諸類型」に後続する分冊に入るはずのものであった。結局『経済と社会』の構成内容はトルソのまま終わっている。現在刊行中の『ヴェーバー全集』が、この問題をどれほど解明できるかは、今後の課題である。

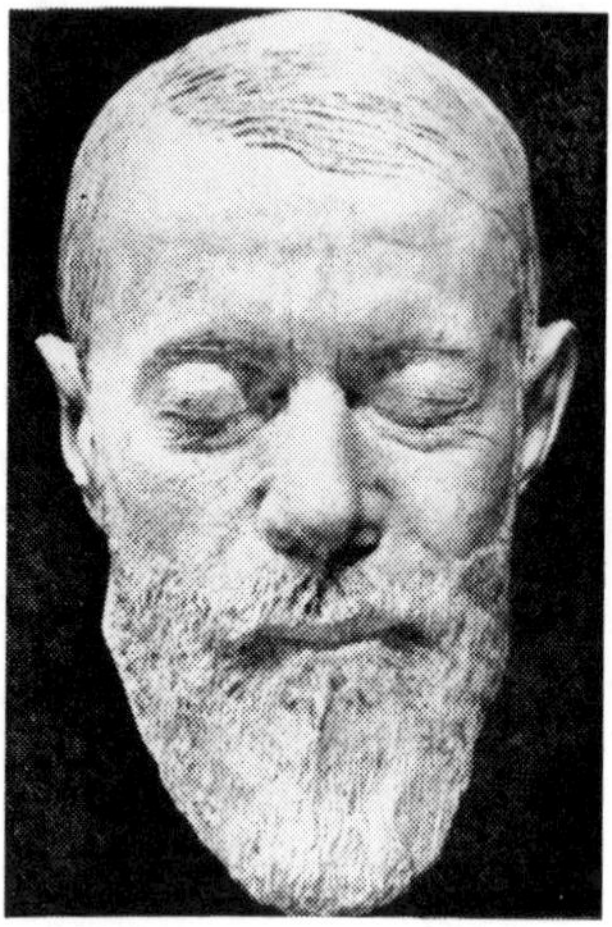

ヴェーバーのデスマスク

ヴェーバーの最期

ミュンヘンで彼は政権の終焉《しゅうえん》を体験した。クルト＝アイスナーの殺害者アルコ伯爵の裁判、いわゆる「アルコ＝ヴァリ事件」にミュンヘン大学の右翼学生が抗議したとき、ヴェーバーはこれを激しく批判したため、学友会の右翼学生が講義中の彼にデモをかけた。

一九二〇年三月カップ一揆が起こり、四月ヴェーバーはドイツ民主党から第一回社会化委員会委員に推挙されたが、「社会化」に批判的な彼は辞退した。彼には「社会化」は国家ならびに企業の官僚制化を一層促進し、経済再建の原動力となるべき市場経済の活力を弱化させるように思われたからである。このヴェーバーの思想は第二次大戦後の西ドイツ経済の復興を主導したエアハルト、ミュラー＝アルマックらの社会的市場経済論にある程度反映されているかに見える。

妹のリリー＝ヴェーバー＝シェーファーが四月に自殺し、四人の子供が残された。ヴェーバーは養子にすることを決意したが、この念願はマリアンネによって、一九二七年四月果たされることになる。ミュンヘンの気候は不順で、根をつめた仕事をしているヴェーバーにとって、決して良くはなかった。六月はじめ彼は風邪をこじらせ、医者の誤診から手当てがおくれ、急性肺炎を惹き起した。マリアンネとエルゼが看病していたが、六月一四日の夕方ヴェーバーは卒然と亡くなった。享年五六歳。たまたま当日訪れたレーヴェンシュタインが、生前のヴェーバーに会った最後の見舞客となった。

II　ヴェーバーとドイツ帝国

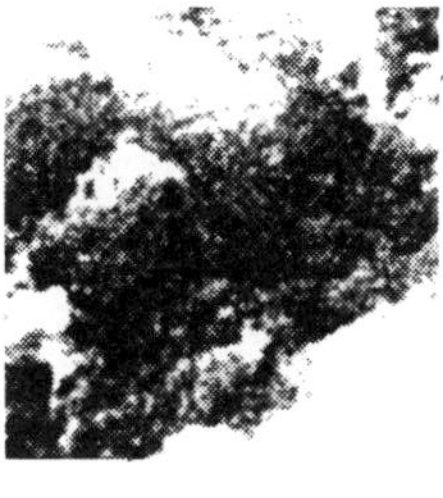

『国民国家と経済政策』

ヴェーバーの扱った問題

日々の、眼前の問題を論ずることによって、その時代を越えた思想を展開し、また大きな時代の流れを把握しながら、その中に日々の問題を位置づけてゆく——歴史に名を残す思想家とはみなそうした仕事をなすのであり、ヴェーバーもその一人であった。

本章では、時代の具体的な問題を扱ったヴェーバーの論文を集めた『政治論集』を中心に、彼がドイツ帝国社会の状況をどう把握し、そこでの問題をどう解決しようとしたのか、をみてゆくことにする。その際、ドイツ史のいささか詳細な事実にまで入りこむこともあるが、当時の社会におけるヴェーバーの立場や思想の特質を理解するためにはある程度やむをえないであろう。とりわけ政治思想の領域では、彼の有名な「指導者民主主義」論や「責任倫理」など、いずれも当時の政治状況に深く関与する中から生まれてきたものだからである。

ドイツは、一九世紀後半から急速な産業発展を遂行し、農業国から工業国へ、そして高度な資本主義を基盤とする帝国主義的政策を行う国家へと進んでいった。その中でヴェーバーは経済政策、議会制度、戦争政策、等々について吠えつづけた。彼の主張はおおむね少数派の側にあり、実現されることは少なかった。ドイツの産業発展は他の先進国に比しても決して遜色《そんしょく》がなかったと言えよう。とすれば、ヴェーバーの諸々の批判はそれほど意味がなかったのであろうか。彼の自国の現状についての心配は、知識人の単なる杞憂《きゆう》であったのか。そうした疑問も出てはこよう。だが問題はそう簡単ではない。

「経済」の発展が、現代社会の諸問題を調停・解決する「政治」を生み出す保証はどこにもない。国民一人一人の政治的自覚や、国家の運命に手をかけるすぐれた政治指導者が断えず生み出されなければ、近代的産業国家の操舵《そうだ》は誰の手にゆくのか。この問題をヴェーバーは論じているが、第一次世界大戦の開戦とその戦争政策、さらには彼の死後のナチスによる政権獲得といったドイツの歴史をみるならば、彼の扱った問題が現代政治思想の重要な論点の一つをついていたことが分かる。

以下、ほぼ時代順にいくつかの代表的な論文を紹介しながら、ドイツ帝国社会の諸問題に取り組むヴェーバーの姿を描いてみよう。わが国では、原典『政治論集』に加えて他の重要なヴェーバーの論稿・発言をも収録した日本語版『政治論集』(一九八二年、みすず書房)が出されているので、引用は主にこれによることにする。

プロイセンの農民問題

ヴェーバーは一八九四年にフライブルク大学の経済学教授に就任し、翌九五年、慣例に従って就任講演を行うが、これが大きな反響をよんだ。

フライブルク大学

現在われわれが見れるのはこれに加筆され同年刊行されたものである。その「序」の書き出しはこうである。「賛同ではなくて、抗弁、これが多くの聴衆の示した反応であった。そのことが私にこの講演の公刊を促した。」

この講演「国民国家と経済政策」では、三つのことが述べられている。まずプロイセン東部の農民問題について。

エルベ河のはるか東、西プロイセン州に生起している現象を、ヴェーバーは統計数字を用いて説明する。この地には行政上「村」と区別される東部独特の「領主管区」があり、またポーランド人が多く入ってきている。帝国総人口（一八八〇～八五年）三・五％増に対して州人口一・二五％減。詳しくみると、人口減は地味乏しき劣等地ではなく、逆に優良地にみられた。人口流出の激しいのは優良地の大土地所有の多い地域――領主管区！――であり、流出した社会層は常傭労働者《インストロイテ》層が中心であった（詳しくは後述）。これと反対に劣等地の村では人口増加がみられ、しかも農民がふえた。これに「民族」視点を重ねると「高い文化の地域を立ち退いて行くのは、主として既述のドイツ人の労働者層であり、文化水準の低い地域にふえているのは、主としてポーランド人の農民である」となる。物質的には比較的恵まれた地位を保障されているといわれる領主地の労働力の流出の理由をヴェーバーはこう断定する。「生まれ育った領主地の群の中にいたのでは、労働者はついに旦那の僕《しもべ》であるほかはなく、子や孫の行く末も、所詮は他人の土地における鐘を合図の苦役以外にはないということ。遠い彼方に憧れる、おぼろげな、定かならぬ衝動の中に、原初的な理想主義の一片が隠されている。これを読み取ることのできぬ人、彼は自由の魔力を知らない。」経済的利害関心にまさる自由の精神的価値がドイツ人労働者層に故郷を捨てさせたのである。

さて、ドイツ人流出はポーランド人流入でうめられる。はじめは季節労働者として、ついで徐々に領主地の外圍の小農として。精神的・物質的生活水準の低いことがスラヴ-ポーランド人のドイツ人に対する勝利の理由である。これが東エルベの状況下での、民族の淘汰過程の内実であった。これに対して何をなすべきか。ヴェーバーは、一、東部国境閉鎖、二、ドイツ人農民村落創設=植民のための国有地拡張、の二つを主張する。そうしてこの政策的主張の根拠が、ただちに第二のテーマにつながってゆく。

経済政策の価値基準

第二のテーマは、経済政策の価値基準についてである。当時、経済学は新興の学問でありながら、「経済学的な考察方法」「経済的観点」が様々な分野に進出していた。はじめ法学領域で身を立てようとしていたが、いわば流行の経済学の教授となったヴェーバーは、いささかの気負いを込めてこう論ずる。経済学の研究が進展しても、諸現象の評価基準や理想を独自に摑むことはできない。現にあるもの（存在）の分析がなすべきこと（当為）を示してくれる、と思うのは錯覚である。学者が意識的な価値判断を断念できる、と考えるのはそうした錯覚なのである。普遍性を僭《せん》称《しょう》する経済的観点からすれば、人間存在の「快苦対照表」の改善こそが経済政策の唯一の目標となるかもしれない。しかしこれが、東エルベの経済的民族闘争に対して何を言えるであろうか。前述のヴェーバーの二提言は、経済政策による東部のドイツ人の保護という、国民国家の立場からなされていた。一九世紀末の諸民族の角逐《かくちく》という事態を見据《す》えてなされるヴェーバーの国民主義的主張は強烈である。「ドイツ人の国家の経済政策は、ドイツ人の経済理論家の価値基準がそうであるように、ただドイツ的でしかありえない。」「平和と快適が子孫に贈る餞別《せんべつ》ではない。わが国民の流儀を維持培養してゆくための永遠の闘争こそが、われわれの餞別にほかならない。楽観的な期待は戒めるべきである。……経済的な発展過程が問題となった場合、経済政策が奉仕すべき究極にして決定的な利害は、国民の権力利害である。経済政策にかんする科学は一つの政治的な科学である。それは政治の侍女である。時どきに支配する権力者や、時どきの支配階級が行う日々の政治の侍女ではなく、国民の長きに亘《わた》る権力政治的利害の侍女である。」

ドイツ国民の政治的成熟度　ではドイツ国民は、肝心の政治的観点――国民の長きに亘る権力政治的利害への考慮やいかに――からみたとき、果たしてどれほど成熟していると言えるのか。これが第三のテーマとして採りあげられる。そしてユンカー(プロイセンの領主)、市民層、プロレタリアートの三基本階級がそれぞれ検討される。

ユンカーはプロイセン王朝の藩屏《はんぺい》であったし、今も政治的に特権的な地位を占めている。かつてはこの土地貴族のうちに政治的知性の重点が認められたのであり、ドイツ帝国も「最大のユンカー」ビスマルクの指導の下に成ったのではあるが、今や彼らは、その地位を自己の政治的経済的利益を守るために行使する存在となった。彼らが昔日の社会的性格を取り戻す可能性はなく、彼らの歴史的使命はもはや尽きた。「危険なのは、そして長きに亘って国民の利害にそわないのは、経済的に衰えつつある階級が政治的支配権を握って離さないことである。しかしそれよりももっと危険なのは、経済的権力を掌握する日が近づき、政治的支配への期待もかけられている階級が、政治的には国家を指導できるまでに成熟していないことである。」

ヴェーバーは、自らその一員たることを任ずる市民階級がいまだ成熟していない、と考える。ビスマルクの国民統一事業達成は、人びとに政治的「満足」と、ドイツの歴史が終点に達してしまったかの如き意識とを与えた。その中に育った世代には一片の政治的判断力すらみられぬかのように思われた。大市民層の一部は、強力な指導者に歓呼賛同を送るという態度を身につけた。他の多くの大市民層や小市民層は政治的俗物根性から抜け出せず、時代の要請している国民の経済的政治的権力利害を視野に入れるどころではなかった。経済的には上昇しつつある彼らの政治的未成熟は、長年にわたる政治教育の欠如、彼らの非政治的な過去に責任があったのである。

最後にプロレタリアートはどうか。「経済的にみると、ドイツの労働者階級の最上層は、所有階級の利己主義的な思惑よりも遙かに成熟しており、当然ながら彼らは、公然と組織された経済的権力闘争の形式によって、自己の利益を擁護する自由を求めている。」が、政治的にはこれも未成熟である。彼らは、国民的情熱や権力本能を欠いた政治屋ジャーナリストを指導者にもっているにすぎない。英・仏の労働者階級の一部は、自国の世界権力的地位という政治的要因の下に訓練されてきたが、ドイツの労働者階級は経済的教育以上のものをもたずして俗物根性を清算していない。そんな彼らに政治的指導は期待できない。それを期待しうる政治的感覚を備えた「労働貴族」が登場する可能性は、遠い将来のものと思われる。――「現状況の脅威は、市民的諸階級が国民の権力利害の担い手として影を薄くしつつあるようにみえるのに、労働者層がこれに代わる成熟度を示し始めていないところにある。」

ではどうすればいいのか。国民の政治的教育を推進すること、これがヴェーバーの答であった。その際、「ドイツ歴史学派の門弟」を自認する彼は、この学派の経済学にしみ込んでいる「倫理的」社会政策観をきっぱりと批判し、「歴史に対する責任の意識」――後世の者がわれわれを指して先祖とよぶかどうか――を責務として掲げ、若い世代が理想に向かって邁進《まいしん》することによってこそ国民の生命力の息吹きが保たれてゆく、と説いて講演を閉じた。

この講演は、政策学は政治の侍女であるという主張によってあまりにも有名であるが、以上見てきたようにそこには、ユンカー批判、政治的成熟、「歴史に対する責任」という形をとったナショナリズムなど、その後のヴェーバーの政治論全体を貫く論点がいくつも用意されていた。加えて当為と存在の非連続(広くいえば政治と学問の関係)、環境によって育まれる人間の質といった問題も論じられ、方法論の観点からも重要な論点が含まれていたのである。

東エルベの農業問題

就任講演が農業問題を素材として始められたことには背景がある。ここでそれを少し掘り下げておこう。ヴェーバーは社会政策学会の実施した「ドイツの農業労働事情」アンケート調査の分析・検討を委託され、東部ドイツを担当した。彼は九〇〇ページにわたる大報告書を提出した。それが『ドイツ・エルベ河以東地域における農業労働者事情』(一八九二)と題されて公表され、二八歳の彼は一躍この分野で名を馳せた。ひきつづき彼は福音社会派会議において、さきの調査を補修する事業を立案・実行する。この一連の作業を通じて彼は東部の農業問題を深く理解するに至った。そこにはドイツ帝国の政治的経済的構成の根底にかかわる重要問題が横たわっていたのである。

ドイツは一八七〇年代の不況の中で、帝国建設以前からの自由貿易政策を七九年に捨て、高率の穀物・鉄関税を設けた。これは、消費者の利益を犠牲にして、帝国の支柱たる東部の大地主と西部の企業家の利益を保証し、両者の連帯を強めるものであった（鉄と麦の同盟）。だがドイツの小麦生産の国際的劣位はおおうべくもなく、東部の農業者は負債にあえいでいた。東部の危機の内実をみてみよう。東部には大小の領主地が多数あり、そこでは住居と若干の土地の利用権を与えられたインストロイテが主たる労働力であった。領主が彼らの打穀労働に対して総収穫物の一定比率を支払うのだが、これが彼らの収入の大きな部分をなし、その限りで彼らは領主と「利害共同態」関係にあった。また州によっては「領主管区」が五割の面積を占めるものもあったが、これは、領主が自分の領地の裁判・行政権を握って特権的な地位を占めるという、前近代的な行政区である。ユンカーとよばれる領主貴族は、将校や官吏となってプロイセンのみならず帝国の政治的に枢要な地位を占めていた。彼らにとって領地は、身分相応の暮らしをするためのあがりを生む元本なのであって、軍人や官吏としての生活もあり、彼らには合理的な農業経営の遂行という意識は欠けていた。領地相続のときは、家系の重要性からして領地を分割せずに長男に譲り、長男以外には金を与えたが、領地を抵当に入れて借金することが多かった。その際、長男以外の者にはかなり不利な相続法が実施されていた。一九世紀末になると、労働力はかつてのインストロイテから賃銀労働者へと変わってゆき、「利害共同態」の紐帯《ちゅうたい》は解け、雇主と労働者の関係になってくる。農業不況のさなか、小麦以外に利益のある甜菜《てんさい》栽培をする領主も多く、そこでは一時的に大量の労働力が必要なためポーランド人季節労働者が導入された。労働者不足に対処するため、彼らを領地付近に住まわせて恒常的に農場労働に雇い入れることも多くなってきた。こうした中で、穀価下落と負債に悩むユンカー救済策がいくつも画策されたが、他方ではスラヴの脅威ということも言われ出した。これは、ロシアの保護領であるポーランドからの人口流入が、国境諸州でドイツ人を追い出しており、軍事政策上好ましくない事態であると判断されたからである。

社会構成改造プラン

社会政策学会の主流を占めるシュモラーやその弟子ゼーリンクらの対応は、長子優遇の相続法実施と国内植民策であった。そしてその背後には、大中小の農場の適度な混在が農村地域の最も安定的な構成である、という理念があった。

これに対してヴェーバーは、現状のユンカー的農場経営の資本主義化の放置は好ましくない、また、東部国境問題即ち政治的観点を優先させよ、と述べて独自の見解を展開する。まず東部の大中農場とはユンカー領のことである。ここでの資本主義化は家父長的関係の中に農業プロレタリアートを増大させるのみであり、ヴェーバーの理想とする「自由な労働制度」は実施されえない。しかも現行法による小農創設＝植民策は、自立した小農経営を保障するものではなく、かえって小土地に縛られた農民が領主地での賃労働を行わざるをえないという、ユンカーの労働力不足問題解決に役立つためのものになってしまう。彼は効率の悪い中小のユンカー経営をもはや存続に値いしないと考えた。追求さるべき植民策は、土地改良をほどこされた国有地に生存可能な規模の小農を創設し、領主地的色彩を払拭した農民村落をつくることである。一子相続法はユンカー農場にではなく、この農民地にのみ適したものであり、経営不振の領主地は国有地とされるべきである。小農は市場めあてではなく自家消費用に穀物を生産するので、国際的穀価下落の波をかぶらずに生存能力をもつ。また彼らの中から秀れた経営者が出て規模を拡大し、小作を雇う場合もありえよう。だが今度は封建的ではない契約関係が結ばれるし、誰にも等しく上昇の可能性が開かれているので、たとえ常傭労働者より生活はきびしくとも、自由を求めて西部に脱出することなく定住するであろう。このドイツ人小農の厚い住民層が東部に存在することこそ、国境地帯の国民国家的軍事政策に最もかなうものである。ヴェーバーは、大農経営が小農にまさる効率をもつことも認めていた。だから大ユンカー領地については、地主‐小作的大借地農‐農業労働者というイギリス型の近代化路線を是認したようである。そうなれば穀価変動の危険がユンカーのみならず複数の階級に分散されるからである。ヴェーバーの東エルベ社会構成改造プランは、資本主義化の野放しを許すのでなく、以上のように政治的視点を上位に置きつつ近代化を遂行するという、ドイツの困難な課題に正面から答えようとするものであった。――しかし現実には、ユンカーの特殊利害を容れる形で植民が遂行されていったのである。

オルデンベルクの主張

一八九〇年のビスマルク失脚後に帝国宰相となったカプリヴィは、それまでの高率保護関税を修正した「新航路」政策をうちだし、新たな条約を締結した。それは東欧諸国からの小麦・ライ麦輸入関税をトン当り五〇マルクから三五マルクに引き下げるものであった。これに反対する人びとは九三年に「農業者同盟」を結成して、大運動を展開した。二〇世紀初頭の条約改訂期をにらんで、九〇年代末には関税改革をめぐる論争が活発になった。いわゆる「工業国」論争である。

学者の世界でこの論争に火をつけたのはカール＝オルデンベルクで、彼は一八九七年六月一〇日、第八回福音社会派会議で「工業国としてのドイツ」と題する報告を行った。ヴェーバーも出席しており、報告後ただちにオルデンベルク批判の発言をする。これを手がかりにして、彼がドイツ経済の展望をどう見ていたのかを少し論じておこう。

オルデンベルクはこう述べる。ドイツはいまや工業国としての途を邁進しているが、それは国民に長期的展望を与えてはくれない。まず、温帯国＝工業、熱帯国＝農業（食糧・原料生産）という国際分業観は、最初の工業国家イギリスにして言えるものであり、今では工業国間競争が激しく、また中位の発展国（ロシア・日本など）のみならず、工業化にはそもそも適さぬと信じられてきたインドのような熱帯国すら工業化を開始して追いあげてくる。製品の販路をめぐる競争はきびしく、市場は不安定とならざるをえないであろう。さらに危険なのは、安定した食糧供給が将来的に確保されえない、という事態である。工業国となれば、人口は輸入穀物に頼らざるをえない。つまり外国の大地によって生きることとなる。生きるためには工業製品の輸出をすすめねばならないが、その販路がすでに危くなってきているではないか。現在の関税政策――低い穀物関税で外国の小麦を買い、みかえりにドイツの工業製品を買ってもらう――ではドイツの将来はない。むしろ国内農業を強化することによって確実な「国内市場」を育成すべきである。国民経済の土台は食糧生産にあたる農業であり、二階部分に相当する工業が拡大して分不相応に輸出工業の肥大化がみられるのは危険な事態である。農業の拡充は過剰工業労働力を吸収し、それによって失業や低賃銀の緩和という効果をもつので、労働者階級の利益にもなるであろう。世界経済の構造変化の中で、もはや輸出工業振興ではなくて、農工の均衡したドイツ国民経済をつくり出すこと――これがオルデンベルクの主張であった。

発展を妨げる宿痾

ヴェーバーは反論する。まずドイツ工業の輸出先は熱帯の後進国ではなくてイギリスを中心とする工業国である。先進工業国間の分業の重要性を無視してドイツ工業発展の未来を悲観視するのは――私も楽観視するつもりはないが――間違いだ。いまや資本主義的発展は妨げがたく、われわれの運命である。その中でオルデンベルクのいう「国内市場」論が現実的に意味することは何か。国内で企業投資活動を抑制すれば、すぐれた労働力や資金が流出し、外国から利子を受けとる資本と怠惰な企業が残るのみだ。しかも彼ら資本家＝支配層は国内において、ビスマルクがかつて行ったと同じ「農工」連帯保護策の下で、高い食糧・製品価格をもって労働者＝被支配層の収奪を強化することとなるだけであろう。これは上からの階級闘争の激化に他ならない。そこには、大工業市民層を大領地所有者利害に組み入れる「市民的資本の封建化」が惹起されようが、これは果たして望ましいことだろうか。農業の振興について言えば、その中味をきちんと考えねばならない。食糧自給を追求するというならば、東部の余剰穀物を西部に供給するのだから、東部ではより少ない人口でより多くの産出を可能とする大経営がなされなくてはいけない。したがってますます東部から西部への人口流出がすすみ、過剰工業労働人口が増加しよう。そこに雇用機会を提供しうるのは工業のさらなる発達のみである。農業人口を増加させるべし、というのであれば、東部の人口が増すほど西部にまわってくる穀物は少なくならざるをえず、西部の工業労働者用として穀物輸入が不可欠となる。そのためにも輸出は必要であろう。いずれにしてもオルデンベルクの言うことは問題解決にはならない。彼の主張は――意図はともかくも――実践的には、穀物関税引き上げに与《くみ》して、結果的にユンカー的利益に仕えることであり、工業資本の活力を弱めることだ。工業国化はたしかに自国の雇用機会を外国市場に依拠させることになるし、危険でもあろう。が、ドイツに必要なのは、偉大な国民としてこの危険を背負うことなのである。

「農工立国」論のオルデンベルクに対してヴェーバーは一見「工業国」論者にみえる。しかしさきにみた彼の農政論をふまえれば、そう簡単に言うことはできまい。東部農業構成の改造と西部工業活動の一層の促進——エルベの東と西の著しく異なったドイツ帝国社会の中で、双方の課題を時代の要請の下に明確にし、それに応えようとする。そして両方を一つの国境線内にかかえているドイツの権力的利害と歴史への責任とを雄々しく堅持する、というのがナショナリスト・ヴェーバーの態度であった。そこにはオルデンベルクの「国内市場」論とは異なった形でではあるが、一つの国内市場論を見ることも可能ではあるまいか。それは、東部の農地改革によるドイツ国内市場の深化を予想させる。それは、戦後日本の農地改革によって開かれた国内市場を基盤として高度発展を遂げた日本資本主義の例を知るわれわれには、一つの可能な解釈である。

そのヴェーバーの眼には、ユンカー的利害こそドイツの発展を妨げる宿痾《しゅくあ》として映っていた。これを嗅《か》ぎ出す彼の鼻は、一子相続法、家産法、取引所改革問題、のちには世襲財産法案や選挙法改悪策に至るまで、どの領域にあっても実に鋭敏だった。

社会政策学会と工業労働者

悪名高き営業条令一五三条

労働運動と社会政策に対するヴェーバーの立場を検討する際、最良の手掛りは、一九〇五年のマンハイムでの社会政策学会における発言であろう。大会二日目(九月二六日)のテーマは「私的大経営における労働関係」であった。この年の一月、ドイツ帝国の労働運動史上最大といえるルール炭鉱争議がもちあがった。それは二〇万人近くの労働者が参加したストライキ、外国人労働者をスト破りに投入した雇用者側の対応、政府の介入と鉱山法改正、という推移をたどった。この争議の印象と、ロシアの二月革命の衝撃の下でのドイツ社会民主党内のゼネースト議論白熱化という状況の中で、学会が上記のテーマを掲げたのである。

ブレンターノ

当日、基調報告を行ったのは、学会の中でも「左派」の代表格で、しかもヴェーバーら若い世代を指導していると目されていたルヨ=ブレンターノであった。彼は、労働の売手=労働者と買手=雇主がまず対等であらねばならないが、この労働力という商品が他の商品と違って、需要を超過した供給のために価格低下＝低賃銀を余儀なくされると生産費つまり生活費以下の賃銀が強要されてしまうので、真に対等であるためには労働者の団結が必要である。また、労働の買手が労働者の人格までも支配することになるため、その支配には法的制約が必要であり、労働者保護立法が要請される、と説いた。

ここでドイツ帝国の悪名高き営業条令一五三条にふれておかねばなるまい。当時の労働関係にかかわる法規としては帝国営業条令というものがあって、その一五二条一項はかつての団結禁止令の廃止をうたっていた。団結する自由は認められた。しかし同条二項では団結しない自由を法的に保護している。いわく「前項の約定または同盟に参加する者は、すべて自由にこれから脱退することができる。脱退を理由とする告訴または抗弁は許されない」。そして問題の一五三条でこう規定する。「身体に対する強制、脅迫、名誉毀損《きそん》または同盟絶交の手段によって、他人をして前条に掲げる約定に参加することもしくは約定に服することを決意せしめもしくは決意せしめようと図ったもの、または同様の手段によってかかる約定から脱退することを妨害しもしくは妨害しようと図ったものは、一般刑法上さらに重い刑罰に該当する場合を除き、三か月以下の禁錮に処する。」こうして条令は、スト破り＝「労働希望者」を法的に保護し、労働協約をめざす団結活動の実質的骨抜きをねらっていた。ビスマルクの「アメ」＝諸保険法を軸とする社会立法と、「ムチ」＝社会主義鎮圧法のうち、彼の失脚後に「ムチ」の方は廃止されたが、政府は相変わらず「団結の自由」を望む社会改良の主張を社会主義的と見なして労働者弾圧策をつづけ、一五三条のさらなる改悪案を国会に何度か提出した。これはさすがに保守党以外の反対をうけて否決されるのではあるが。

「性格学的にどんな人間になるか」

さて、ブレンターノの上述の主張は、一五三条の例外規定（一般刑法以上の加罰規定）廃止、団結しないもののみならず団結するものの法的保護、労使双方の組織代表者による労働条件の協議＝集団的労働協約の強制の確立、そのための全労働者を包括する営業部門ごとの組織の創設、といった具体的提案に至った。労使対等、団結権承認、そして集団的労働協約の法的確立という方向は、たしかに労働関係にあっても近代化を追求する「左派」ブレンターノにふさわしいもののように思われる。

ではヴェーバーはいかなる見解であったか。家父長主義的雇主の労組敵視を批判して進歩的な社会改良を望むことでは彼もブレンターノと同じであった。しかし、ブレンターノが法改正による労働関係の近代化をめざしたのと比べると、ヴェーバーは事態を単に経済領域の問題にとどめることなく、ドイツ社会の文化‐政治的伝統にかかわらせてとらえ、労働者の「自助」原則にもとづく団結に対して、高い社会的価値を認めようとするのである。

彼の具体的提案は、一五三条の例外規定を廃止して一般刑法に拠ること、そして「一般刑法は、非行と恐喝を伴う脅迫行為があればそれだけで罰則を適用するものですが、一歩を進めて、有形の傷害を伴う脅迫行為だけに罰則の適用を限ることができます」という形での脅迫行為の限定、さらに雇主側に対しても労働者を解約告知で脅すことに対する罰則を等しく設定すること、というものである。争議にかんする法的制裁でも労使対等を徹底させるというのが眼目であった。ヴェーバーの真骨頂はその先にある。

彼はこう述べる。「本日この会場で討論されているような社会政策問題に関して、意思の疎通を図ろうとする場合、めいめいの者が、なには措《お》いてもまずはっきりと自覚しておかねばならぬことがあります。それは、立法上の措置を問題とすべき事柄をめぐって、めいめいの者が、いかなる最後的な価値観点に立っているか、ということである。そこで私はどうかというと、私にとってはもっぱら次の問いが問題だということを、ここに確認するものです。すなわち、きょう議論されているような法的かつ事実的な生活条件の中におかれた人間は、——はやりの言葉を使うなら——『性格学的』にどんな人間になるか、これである。」ドイツの就業規則によく見られる「これこれのことをなす者は処罰される」、「これこれのことをなす者は最初は譴責《けんせき》に付し、重ねてこれをなす者には罰金を課す」という表現はまさしく警察の言葉ではないか。雇主は経営管理の権力を握ることに飽き足らず、「他人を服従させていることが外から見てもわかるようでなければ承知しない」のであって、権力の「みせかけ」追求にやっきになっているのだ。こうした性格の育成にはドイツの政治的伝統が影をおとしている。「ドイツの国家市民がドイツ国内で公けに政治的発言をすることが少なくなればなるほど、ドイツの統治がドイツの国家市民の頭上を素通りして行われれば行われるほど、ドイツの国家市民が政治の対象以外のなにものでもなくなればなくなるほど、それだけよけいにドイツの国家市民は、自分がともかく家長である場所において——大経営もまさしくそうした場所ですが——、そこにおいて自分の配下に対して、自分もたしかになにか発言できること、これを聞いた者は盲従しなければならないことを、示そうとするのです。……それはまた、わが国の労働人口の性格を腐らせる当のものであって、このカテゴリーに入るのが、今日のテーマであるわが国現行の労働法でもあるわけです。」

「お婆さんのための法律」とブレンターノ批判

労働者に対してこうした条件はどう作用するか。彼は問題の所在をこう象徴的に指摘した。数年前の学会である教授が「こうおっしゃいました。『今日一人のストライカーが就労希望者に向かって、もし一緒になってストライキしないなら、うちのアウグステは今後お前とダンスなんかしないぞと言ったら、彼は処罰される』と。冗談を言っているのではない。げんに有効な法律のことです。反論できる法律家がいらっしゃるならお会いしたい。さて、こんな法律がドイツにあるという事実は、私の主観的な感じで言えば、恥辱以外のなにものでもありません。これはお婆さんのための法律です。これは臆病を保護するものです。」臆病を保護する、お婆さんのための法律（一五三条のこと）の下では、ドイツの国家政治の客体、臣民は育っても、政治の主体、主人公は育たない。この風土を打破するためには上述の法改正によって労働者の自由な団結、組合活動を少なくとも制度的に保障しなければならない。

だが、自由な活動を保障することと、労働者全員を包括する強制的労働組合の設立とは同じことではないであろう。ここでヴェーバーはブレンターノの提案の一つ、集団的労働協約の強制機関設立を批判することとなる。ブレンターノ案が実施された場合、「実際に即して問題をみるならば、結果はこうだからです。国家は、どこかで労働争議が生じた場合、〔当該産業に属する〕経営を全部まず一度に停止させる。そうでなければ強制機関の意味は全然ない。ですからこの場合、国家は当該産業の労働者全員に対して、働き続けたいと思っている者に対してまでも、労働の継続を禁ずるわけです。それだけではない。国家は、労働者の要求を容れようとする雇主に対しても、共同の協定を結ばずに〔単独で〕そうすることを禁止してしまいます。このあとのほうは、ある意味では、すでに現在雇主団体の側で大なり小なり行われていることを、公式に命令するものでしかありません。国家はこうして、明らかに就労希望者〔問題〕もその他のあらゆる問題もしごく簡単に片付けてしまって、こう言います。『さあこうなれば、どちらが長続きするか待つだけだ。』」労働争議に対して国家が介入し、結果として国家による賃銀統制さえ生み出されてしまう。「左派」の代表格ブレンターノも、若い世代のヴェーバーから見ると、シュモラーらと同じ旧世代の一人として、結局は「上から」の政策に信をおく思考をもつものとして、批判されることとなった。

ヴェーバーの関心からすると問題はむしろ次のことにあった。強制機関の設立と国家の介入が成ったときには、ストライキがすべて政治的見地から、現実的に言えば政党政治的見地からしかみられなくなってしまう。そうなると、本来的には経済的見地から自由に団結し、ストライキを検討するという労働組合に固有の意義はどうなるのか。労働者が組合に寄せる自発的な、生き生きとした関心と、それを基礎とする組合の自由な「自己決定」、自助の原則はどうなるのか。彼は政党と組合、政治と経済の分断を説くのではない。国家介入では望むべくもない統治の客体から主体への転換の契機を、組合に結集する労働者の自発性、自助原則にみようとしたのであった。

労働組合と社会民主党

ではヴェーバーは党と組合の関係についてはどのような見方をしていたのか。彼は発言の最後にこう述べた。「私の個人的な立場は、正直なところ次のとおりです。労働組合が自由に闘争することで、得るものが多かろうが少なかろうがそんなこととは関係なく、私にとって労働組合は一個の固有価値にほかならない。労働組合は、たとえば――いや、たとえばなどと申しましたが、これは私にとって決定的に重要なことです――労働組合は、社会民主党の内部にあってペコペコしなかった唯一の存在であり、政党の俗物根性に対立して理想主義を堅持する唯一の存在であります。社会民主党はこれから幾世代ものあいだ存在すると考えねばならず、これから先ずっと大衆の教育を独占する政党です。労働組合が政党を破壊する、そんなことは考えられません。およそばかげた幻想です。労働者と交際したことのある人なら誰であれ、プロイセンの国家と警察を相手どった日常闘争が、政党をバックにせざるをえないこと、政党がない場合には、労働組合のために政党がつくられねばならないことを知っております。しかし労働者は、この政党がアメリカ型の道をとるのを許さないでしょう。社会民主党の内部における、理想主義的な労働と理想主義的な信念の砦はただひとつ、労働組合であります。わがドイツの事情のもとでは、将来も変わりありますまい。だからこそ私は、労働組合の本質を脅かす提案は、一切これを拒否いたします。たとえ労働者の物質的利益に訴えようが、そんなことは問題になりません。」

ここからわれわれは、ヴェーバーの社会民主党観をいくらか見ておく必要にせまられる。

一九〇七年の学会大会における発言の中でヴェーバーは、前年の社会民主党大会を見たときの感想を述べている。「傍聴人としてこの党大会に来ていたロシアの社会主義者たちは、『革命』党を自任するこの党を、ドイツのなしとげた最も力強い文化的事業にして、全世界の遙かな革命的将来の担い手であると尊敬していたわけだが、大会を目のあたりにして呆《あき》れ返ってしまいました。そこには、間延びした宿屋の亭主の人相、小市民の面相がだんぜん幅をきかせていたからです。革命的熱狂はどこにも見当たらず、公式的にブツブツ不平を言い立てる気の抜けた討論と、それに対して屁理屈をこねまわす反論しかありませんでした。……社会民主党に対する恐れ——といっても、この党が現実的な権力手段を欠き政治的に無力であることは、見る気にさえなれば誰の目にも今日いよいよ明らかなことですが――、ともかくこの党に対する怖れからまだ諸侯の胸にわだかまっている筈《はず》のものは、かくて党から根こそぎ失われてしまっている、このように私は見ております。」社会民主党は恐るに足る政党ではない。現代社会を貫く官僚制化のうごきはこの党をも逃しはしない。社会主義という理念、世界観を掲げ、そのために生きる人びともたしかにいるが、しかし今や大規模となった党は、この大組織の存続を生計の源泉とする一群の人びとを抱えこみ、逆にその人びとの関心によって存続を支えられているのである。政党の官僚制化がこの党におけるほど進展をみたところは他になかった。

したがって、様々な妨害に抗して社会民主党が地方自治体で権力を掌握しつつある現在、この事態を憂える必要はないし、選挙法改悪で保守派優遇を策するなどもっての他である。社会主義者の自治体レベルでの経済政策上の実験は、社会主義への信頼を裏切るだけであろうし、彼らが現実的に行動するならそんなことはしない。自治体繁栄を目的とした重商主義政策の採用をめぐる議論が今日あちこちでなされているが、「……この点でも、社会主義的行政に新しいところはなにもない。新しさは動機にだけある。すなわち、今日市民的統治の行われる市町村でこうした政策が採用される理由は、シブシブにしか税金を払わない市民が、町に工場が多ければ多いほど租税額が分割され、地代も高騰すると踏むところにあるのだが、社会主義的な市町村役場がそれとまったく同じ重商主義政策を採用する理由は、労働者の働き口をふやし生活状態を改善するところにある。そこだけが違います。それ以外には、経済政策の分野で社会主義的都市行政と市民的都市行政とのあいだに、長きにわたって原理的な違いが感じられるようになるかどうか、疑わしく思われます。資本の絞殺や、有産者の資産の強奪につながるような違いの生じないことだけはたしかです。」

労働組合の「一個の固有価値」

むしろ彼らを「帝国の敵」＝非国民視することは、革命的イデオロギーの宣伝をめしのたねとする人びとを喜ばせるだけであり、社会民主党の支持者を市民社会から疎外して、ドイツの国民的政治統合を妨げることになる。だから彼らの地方行政権力掌握が進めば、彼らも市民社会の担い手としての地位を得ることとなり、党の性格も変化してこよう。ヴェーバーは、ベルンシュタインらの指導の下にとくに南ドイツに強力となった社会民主党内の修正主義台頭を一方にみながら、社会政策学会内の反動派を牽制する。「現在すでに社会民主党官僚制内部の対立は、誰の目にも明らかです。それに加えて、片や職業政治家の物質的な生計関心と片や革命的イデオロギーとの対立が、自由な展開をみせるようになるとき、さらに、社会民主党員が現在のように在郷軍人会から追い払われることがなくなるとき、社会民主党員がいま締め出されている教会行政に関与することを許されるとき、そのときはじめて党にとって重大な内部問題が始まることでしょう。そのときはじめて革命のウィルスは、じっさい容易ならぬ危険に見舞われることでしょう。そのときはじめて、こんなふうにして、結局、社会民主党が都市や国家を征服するのではなく、逆に国家がこの党を征服することがわかるでしょう。私に合点がいかないのは、市民社会それ自体が、なぜこの事態を危険と感じなければならないのか、その点なのです。」

こうして、社会民主党を体制の敵として政治的に差別することは、大衆民主主義的状況の進展の下でもはや採りえぬ策であることが明らかにされると共に、この党も社会の官僚制化の波の外にあるものでないことも示された。この現代状況における問題の核心をヴェーバーはこう定式化する。（一九〇九年の大会での発言）「……肝心かなめの問いは、どうやってわれわれはこの発展をなお一層おし進め、そのテンポを早めるか、ではなく、なにをわれわれはこの機構に対抗させることができるか、であります。わずかに残る人間性を、魂のこの分割状態から、官僚制的生活理想のこの独裁から守るために、なにを対抗させることができるか、であります。」党と組合の関係に対する彼の態度も、じつはこの基本的関心にもとづいていたのである。「理想主義的な労働と理想主義的な信念の砦」は労働組合をおいて他にないとするヴェーバーは、物質的利害関心に支えられた政党官僚機構に対抗すべき存在、つまり人間の魂と自由への意志との担い手としての理想主義が、大衆の中で育まれる場を、労働組合にみたのである。そしてこれこそ労働組合のもつ「一個の固有価値」なのであった。

社会政策学会の工業労働調査　一九〇七年、マックスの弟アルフレートが、プラーハ大学からハイデルベルク大学に招聘された。兄弟は共同研究の話をすすめる。マリアンネの伝記からその間の事情をみておこう。

マックスは、ビーレフェルトの東南十数キロにあるエールリングハウゼンの、伯父の経営する亜麻織物工場で調査を行った。「一九〇八年の夏、彼は何週間も親戚の家に滞在し、工場の賃銀帳やタイムレコーダーをくわしく調べ、織工の時間当たり、一日当たり、週当たりの出来高のカーヴをこつこつと計算して、出来高の変動の心理物理的な原因を究明しようとした。」そうしてアルフレートに手紙を出す。「……通俗的なレッテルを貼るとすればおそらく『近代大工業における精神労働の状態』という標題でも附せるような一連の調査を社会政策学会が始めるように私は提案するつもりでいる。各工業の内的構造を労働の熟練性の程度と性質、労働者の安定度、職業機会、職業移動などに関連させ、そしてこの〈形態的〉な面から、工業によって行われる心理的-生理的な淘汰、それぞれの工業における淘汰の傾向、また逆に、先天的なものであれ学んで身につけたものであれ、住民の心理的-生理的特性がこの淘汰に附する条件の問題に接近することを私は考えていた。」

オルデンベルク批判の折にみた如く、ヴェーバーは資本主義的発展を不可避とみていた。そしてその発展が労働者に対してどう作用するか、また逆に労働者のかかえる諸要因が大工業にどう影響するかに注目していた。一九〇七年にはアルフレートが、社会政策学会の委員会で学会としてこの問題に取り組むことを提起し、成功している。マックスのエールリングハウゼンでの調査は、こうした脈絡の中でなされたのであった。彼は学会の行うべき調査のために「方法序説」を書き、自らの調査の成果を交えて大論文「工業労働の心理物理学について」(一九〇八～〇九)を発表した。

学会の調査には若手研究者があたり、社会政策学会雑誌に計一三の報告が発表された。調査対象とされたのはベルリンの精密機械、フランクフルト近郊の皮革、バーデンの石材、シュトゥットガルトの自動車などドイツ各地(ヴィーンも含む)の様々の工場で、ミュンヘンの女工を扱ったものもある。その調査報告は、現在でもドイツ経済史研究の史料として大きな意義をもっている。学会は一九一一年一〇月のニュルンベルク大会でこの問題をめぐる討論を行った。

ハイデルベルクの女子学生マリー＝ベルナイスは、この調査の中で、グラートバッハの紡績織布工場とシュパイヤーの紡績工場をうけもってそれぞれ報告書を出し、加えて大会当日もオーバーラインの紡績工業について口頭発表している。さらに学会調査の全体をまとめた論文を「雑誌《アルヒーフ》」(後述)に載せた。彼女はグラートバッハ工場調査では事前に素姓を隠してこの工場で数週間女工として働き、工場内の実態や労働者の意識の把握に努めて、他の報告にみられぬ詳細な記述もなしている。ヴェーバーも会社の決算・営業報告書に目を通し、マリーに懇切な指導を与えている。彼女の報告からうかがえる調査事項としては、労働者の性別、年齢、職種、入社の月、入社時の年齢、出生地、宗派、父・父方の祖父の職業、父の出生地、職業選択の理由、勤務先・居住地・職種の変更回数と変更理由、男子工及びその父の兵役検査の合否、住居形態、未婚既婚の別と後者の結婚年齢、子供の数、幼児死亡数、息子の職業、休日の過ごし方、できれば就いてみたい職業（男子）、工場に留まりたいか、他に何かやりたいか（女子）、出来高賃の賃銀高とその変動（季節・週・日の変化）、子供時代の居住地の人口、疲労感、「緊張」感の有無、向上意欲、があげられる。そしてこれらの項目の複数を組み合わせて、様々なデータが得られている（紡績工は織布工より若年時によく工場移動するとか、出生地によって賃銀変動の幅が異なる、など）。

ヴェーバーのねらい

ヴェーバー自身、この調査では何をねらっていたのか。「方法序説」、正確には「封鎖的大工業の労働者の適応と淘汰（職業選択と職業運命）に関する社会政策学会の調査のための方法的序説」（一九〇八）で彼は述べる。「一方では、封鎖的大工業は、その労働者の人格的特質、職業的生涯および職業外の『生活様式』にどのように影響するか、どのような肉体的な、また心理的な質を彼らのうちに発達させるか、したがってこうした質が労働者の生活態度のすべてにどのようにあらわれるか——他方では、大工業の側からみて、大工業の発展の可能性と方向とが、労働者の民族的、社会的、文化的な出自や伝統および生活諸条件によってつくられた彼らの一定の質に、どの程度まで結びついているか……。」封鎖的大工業とは、要するに工場制機械工業の大経営であって、問屋制の下で原料供給と製品販売を他に委ねた（＝解放的）、家内工業経営などとは区別されるものである。したがってまず機械体系に即した労働分割がなされる。また技術改良、より高度の機械化を追求する合理的経営がなされる。だから「いかなる種類の質をもった、いかなる種類の労働者が、このような技術的変革によって一面では排除され、他面では養成されるか……、資本需要の量と種類に依存するその工業の一般的、経済的基礎によって、このことがどの程度まで制約されるか」が重要な点となる。そしてここから様々な問題が扱われることとなる。労働者の淘汰を促進する条件は何か。資本の構成・回転や商品の「標準化」のもつ特性が労働者の内部組織、職業的生涯、適性にどう影響するか。ある業種、ある地域の経営がどこからどのような質の労働力をリクルートするようになるか(労働市場の問題)。労働者の技術修得の過程はどうか。「労働者の地域的、民族的、社会的、文化的出自の相違が、その修得能力に」どう影響するか。「熟練」の形成及び「不熟練」との関係、等々。これで見る限りヴェーバーは、労働者という視角から、ドイツ資本主義の展開の様態を、経営内部という微視的観点と、労働市場の構造や労働者階級の編成並びに再生産という巨視的観点の双方から検討するという姿勢をもっていたことがうかがえる。

「社会科学」的な研究

ヴェーバー自身の研究から一例を示しておこう。「まったく偏見をもたない企業者は、社会民主党系の労働組合員の労働者としての質の問題について、きわめて多種多様の工業で彼らがその能力の点で普通、労働者全部の先頭を切っていることを、まったく一様に認めているのがつねである。」「経営管理者からとくに『頑強な労働組合員』として指摘された男子の労働者のすべてが、私がみることができたかぎりでは、一人の例外を除いて経営のまったく最優秀の労働者にみられる能率の記録を示している。」「女子労働者はさらにまた違った様相を示す。彼女たちの場合は、敬虔派の秘密集会の仲間の後裔《こうえい》である女子労働者たちがとくに優れているようである。」「……責任があり、管理することが困難な整糸工程では、同じく敬虔派の労働力が機能している……。ダンスホールや、これに似た、『敬虔派』から認められない娯楽の忌避、換言すれば『プロテスタント的禁欲』の、またその禁欲によって生み出された、『神に喜ばれる』職業労働への内面的な態度の結果は、このような現象のうちにはっきりと現れている。」以上は、労働者の世界観的な態度と、労働者の経営にとっての収益性との関連について述べられたところである。

彼は、こうした研究が社会政策的観点のもとに直接おかれることを拒み、純粋に「社会科学」的になされるよう望んだ。ただしその成果がドイツ大工業の存在形態・存立条件を明らかにするかぎり、それは政策的思考に対しても、「何が可能で何が不可能か」を示すことはできよう。だがそれはあくまで調査の副次的結果にすぎないのである。

方法上の問題

ヴェーバーはまたこの調査に際して、社会現象に対する自然科学的方法の適用という方法上の問題を考えていた。調査では労働者の出生地や宗派の他に、「疲労と回復」「練習」「慣れ」「労働の中断の影響」といった項目があげられていた。それは、人類学、生理学、実験心理学、精神病理学などの成果を、「経済的労働の社会科学的分析にとり入れ」ることが可能か否か、可能とすればいかにして、どの程度か、という関心にもとづくものであった。この領域ではこれまでほとんど研究がなされてこなかったのである。とはいえ、アメリカではテイラーの科学的管理論が出されてくる時代であった。ヴェーバーはとりわけミュンヘン大学の実験心理学の大家クレペリンと彼の学派の研究を学び、クレペリンとも研究の打ち合わせをしている。彼の「心理物理学」の研究自体、クレペリン学派の成果に学び、その方法を用いて「労働曲線」を出したりしたものであった。たしかに自然科学と社会科学の研究は原理的には協力可能であろう。だがヴェーバーは「方法序説」にこう記している。「……社会的な現象をひたすら自然科学の専門的見地から推論しようとする、たとえば工業の発展をもっぱら生理上の力の節約の法則の一作用として説明する、というような自然科学系の個別科学にしばしばありがちな、ほとんど抵抗しがたい試みに対しては、――工業はそれ自身としては『力の節約』ではなく『費用の節約』を追求するものであること、そして、工業が費用の節約を達成できる途は、決して必ずしも生理的に合理的なものへの発展と合致するものではないこと、むしろ非常にさまざまな理由から、資本利用の経済的最適度への発展が、力利用の生理的な最適度への発展と背馳《はいち》することがありうるのだということを確認しておくべきである。」さらに「心理物理学」の研究においても、労働適性の遺伝の問題については、「……われわれにとって必要なのは、まず遺伝諸学説の論争をまったく視野の外に置いておかなければならないということ、またどんなやり方であるにせよ、ここで問題となっているような討論に介入することは許されないということである」と書いている。実験心理学や生理学の精密な実験方法を社会的大量現象に直接応用することはできないし、あやふやな遺伝諸学説を経験的事象に適用することもできない。そのかぎりで結論は悲観的ではあるが、彼は、個別研究の積み重ねと新たな研究成果が将来開拓するであろう地平をあらかじめ否定することはしなかった。将来の可能性を求めつつも、研究の現状にみられる方法論上の問題を明確にしようとしたのであった。

この問題圏はその後、労働科学や産業心理学の領域で扱われるようになり、テイラーの名のみ知れわたっているが、ドイツ社会政策学会の調査も忘れられてはならぬものである。

知的世界のスケッチと第一次世界大戦

「アルヒーフ」の編集

「病気」のため正常の仕事はできないとハイデルベルク大学へ辞表を出していたヴェーバーは、一九〇三年一〇月、名誉教授の称号を受けて教職を正式に退いた(その後一九年にミュンヘン大学教授となるまで彼は大学に属さなかった)が、この頃にはまた知的活動力を取り戻していた。この年、知人のユダヤ人資産家で学者でもあったエドガー＝ヤッフェが「社会立法・社会統計アルヒーフ」を買いとり、ヴェーバー、ヴェルナー＝ゾンバルトと三人で新たな雑誌を編んでゆくこととなった。その名を「社会科学・社会政策雑誌《アルヒーフ》」(これを以下アルヒーフとよぶ)と改め、その最初の号(第一九巻一号、一九〇四年一月)にヴェーバーはアルヒーフの方針提示を含む有名な「社会科学的および社会政策的の認識の《客観性》」を載せた。彼は、この雑誌が専門的な経験科学のためのものであると共に、不可避の資本主義的発展の文化意義を考える、という「社会哲学」的課題を負うものである、と記した。以降、彼はこのアルヒーフに陸続と論文を発表する。一九〇四年「プロイセンにおける世襲財産の農業統計的・社会政策的考察」、一九〇四～五年「プロテスタンティズムの倫理と資本主義の《精神》」、一九〇六年「文化科学の論理学の領域にお

ルカーチ

ける批判的研究」『ロシアにおけるブルジョア民主主義の状態について」「ロシアの似《え》而非《せ》立憲制への移行」、一九〇七年「シュタムラーにおける唯物史観の《克服》」、一九〇八年「限界効用理論と《心理物理的基本法則》」「工業労働の心理物理学について」、一九〇九年「工業労働の……（つづき）」「《エネルギー論》的文化理論」、一九一〇年「資本主義の《精神》についての反批判」「(同)反批判の結語」……もちろん他に多くの大学論執筆や社会政策学会、ドイツ社会学会開催などの仕事をこなしつつ、である。一九〇五年にはロシア革命の進展を追うために数ヶ月でロシア語をマスターしている。その生産力は、「病気」中の中断を補って余りあるものであった。アルヒーフとヴェーバーの名は切っても切れぬものとなったのである。

「客観性」論文には、「この雑誌はこれまで『社会主義者』の機関ではなかったし、今後も『ブルジョワジー』の機関となるものでもないであろう。科学的な討論の地盤で主張を行うひとはだれでも、この雑誌の寄稿者の仲間からしめ出されることはない」とある。まことに多彩な執筆陣で、著作の一部が日本に紹介されている学者をひろい出しても、トレルチ、テンニース、ベルンシュタイン、ジンメル、ラートブルッフ、ルカーチ、ミヘルス、ブレンターノ、L＝v＝ミーゼス、ヘルマン

＝レヴィ、フォアレンダーらの名がみられる。ハンガリーの社会民主主義者エルヴィン＝サボーの名もある。一九一〇年以降、エミール＝レーデラーが社会政策年表作成にあたる。「ヴェーバーはこの地位を私につぎのように説明した。当初の意図によれば、レーデラーはもともと紹介的な文章以上のものを書くことにはなっていなかった。『だが、レーデラーは非常な努力をしていつもそれを厳密な学問的論説に仕上げたのである。』」とホーニヒスハイムは『マックス・ヴェーバーの思い出』で伝えている。レーデラーは、ヴェーバーやヤッフェの死後、アルフレート＝ヴェーバー、シュンペーターと一緒にアルヒーフの編集を継ぐこととなる。一九二三年には来日し、東京帝大客員教授となったり、妻エミー＝ザイドレル（サボーや、近年、経済人類学の祖として名の知られだしたカール＝ポランニーのいとこにあたる）との共著『日本-欧州』を残してもいる。ヴェーバー、ついでレーデラーに主導されたこのアルヒーフは、ナチス政権誕生の一九三三年レーデラーの亡命に至るまで、多くの重要な論文を掲載し、社会科学の歴史の中に特異な位置を占めるものであった。

トレルチ

知識人のサロン

ハイデルベルクには、復活した巨人を囲んで大戦開始まで一つのサロンができあがった。当時の知的世界に名を馳せた様々な人びとが出入りした。

前出のトレルチ、ジンメル、法学者イェリネックや、ルカーチ、ブロッホ、ヴェーバーがその才能を高く評価したラスクらの哲学者にとどまらず、文学者グンドルフ、政治家ナウマン、ホイスやラスクの紹介でピアニストのミーナ＝トープラー（ヴェーバーの死後、彼女に『宗教社会学論集』第二巻が献げられた）も入ってきた。ユダヤ人、のちにはスラヴ－ハンガリーの出身者も多くみられる。知識人のサロンは他にもあったが、専門領域、出自の多様さからみても、ヴェーバーのサロンは当時の社会においてはまことにユニークであった。「なるほどヴェーバーに面と向かって会うことのできる人は限られていたが、彼の存在については誰もが知っていたし、彼が意見を述べると、それは多くの人を介してたちまちすべての人に伝えられたのである。なぜなら、それは『ハイデルベルクのミュートス』の声、すなわちマックス＝ヴェーバーの言葉であったからである。」（ホーニヒスハイム、同）

「優雅さとエスプリとでサークルの中心人物であった」といわれるエルゼ＝リヒトホーフェンは、一九〇二年にヤッフェと結婚したが、のちアルフレートと恋仲になり、マックスに非難されミュンヘンに移った。ヴェーバーの指導下に育ったハイデルベルク大学最初の女性博士の一人であり、博士論文「権威主義的諸政党の労働者保護立法に対する立場の史的転換とその動機について」は、のちに歴史家エッカート＝ケーアもその主著の中で言及している。生涯編でもふれたが、彼女の妹は『チャタレイ夫人』のモデルとされるロレンスの妻フリーダである。この姉妹もまきこまれた「性の解放」運動の理論家オットー＝グロースが、ミュンヘンから自説を主張する論文をアルヒーフに投稿してきた。フロイト理論を勉強したヴェーバーはグロースの理論としてのうさん臭さを批判して掲載を拒んだが、のちに彼も自らの観点から性愛《エロティーク》の問題を論じた（「宗教的現世拒否の段階と方向」、アルヒーフ、一九一六）。アメリカの文学者M＝グリーンは、このエルゼとフリーダの歴史を扱った『リヒトホーフェン姉妹』（一九七五）を発表し、グロースをはさみながらマックスとロレンスという人物に体現される当時の文化状況を描いた。ロレンスは幾度も姉妹を作品の素材とした。また彼はエルゼの仲介でヴェーバーと会い、「幼い小鳥のよう」にヴェーバーの話を吸収したという。

のちに、ロレンスの対極に位置したもう一人の男ジョン＝M＝ケインズ（彼も一員のブルームズベリー-グループをロレンスは「あぶら虫ども」と嫌悪した）が『平和の経済的帰結』でイギリスから、ヴェーバーがドイツ側から、大戦後の欧州の経済復興の条件にかんする醒《さ》めた認識を掲げることとなるが、この二人の接触の事実は確認されていない。

「社会経済学講座」

一九〇九年ヴェーバーは、P＝ジーベック社企画の『社会経済学講座』の監修を引き受けた。五部九分冊の大計画であった（「経済の基礎」「近代資本主義経済の独自な諸要素」「資本主義経済の個別的営利領域と近代国家の対内経済政策」「資本主義的世界経済諸関係と近代国家の対外経済政策および社会政策」「資本主義の社会的諸関係と近代国家の社会的対内政治」の五部）。執筆者の人選、作業の進行などで苦心したが、一九一四年に第一分冊が出版された。

その序でヴェーバーは、経済発展を「生の一般的合理化の独自な部分現象としてとらえなければならない」と執筆者の立場の違いをこえた基本的観点を明示した。そして、方法論を含めた調整はできなかったけれども「全体の企画ならびに研究素材の配列の仕方とそれに関する欠陥のすべてについての責任は、この講座の刊行を企画したマックス＝ヴェーバーにある」と述べた。予定は進まず、途中で修正されたプランも彼の生存中には実現されなかった。

彼自身は第一部第三分冊『経済と社会』を担当した。これも結局は妻マリアンネの編集による死後出版（一九二二）である。執筆は一九一一～一三年頃と一九一九～二〇年の二期に及び、「第一部　社会学的範疇《はんちゅう》論」が後期に、「第二部　経済と社会的諸秩序及び諸力」が前期に書かれた、とされている。戦後、発見された「原案」に従ってヴィンケルマンが編集しなおしているが、いま私の手元にあるのは一九七二年の第五・学習版というもので、本文八六八ページの電話帳の如きものである。邦訳もすすみ、だいたいが日本語で読めるようになった。しかし今でも第一部の概念装置の羅列をどう読むかについては議論がある。これに対して第二部の、たとえば「第五章　宗教社会学」「第七章　法社会学」「第九章　支配の社会学」さらには「第九章第七項　非正当的支配（都市の類型学）」などは、各領域の社会学的記述として近づきやすく、高い水準の理論的・歴史的叙述として各々の個別科学の古典的地位を占めるまでになっている。ただし、それぞれはあくまで『経済と社会』の部分であり、しかもそれ自体が死後出版の未完の作品であることも忘れてはならない。

『講座』中の、ヴェーバー以外の学者の寄稿も、シュンペーター「学説ならびに方法の諸段階」（岩波文庫『経済学史』）、レーデラー「景気変動と恐慌」、ゴットル「経済と技術」などは邦訳もされ、高い評価をうけている。ヴェーバー自身、企画にあたってドイツ歴史学派の学問世界をのり越えようとした。カール＝ポランニーも書いている。「『社会経済学講座』はもちろんのこと、『国家学辞典』も、『オーストリア学派』の信奉者たちに、基本的な理論的主題をあつかった論文の寄稿をうながした。これは主としてマックス＝ヴェーバーが介在したことの結果であった」（『人間の経済II』玉野井・中野訳、岩波選書）。

開　戦　ハイデルベルクの美しき生活は、一九一四年六月二八日の「発砲」で破られる。サライエヴォでのオーストリア皇太子夫妻殺害事件は世界大戦にひろがった。再度、現実政治にまきこまれるヴェーバーの姿を追ってみよう。

ドイツの援護をたのみにオーストリア－ハンガリーは七月二八日にセルビアに宣戦布告、三〇日、ロシアの総動員令発布。ここから主要強国が戦争にまきこまれていった。開戦後のヴェーバーの態度や発言は、あたかも好戦論者のそれを思わせるものがある。「この戦争はその一切の醜悪さにもかかわらずやはり偉大ですばらしい、これを体験することは有益なことだ……。」五〇歳で兵役義務のなかったヴェーバーだが、ただちに司令部に出頭して陸軍病院整備の仕事を委ねられた。

第一次世界大戦で登場した戦車

だが彼の書いたものから得られる印象は、起こってしまった戦争をドイツ人としてどう受けとり、了解すべきか、という態度である。というのも彼は、一方で開戦までのドイツ外交政策や軍部の非現実的な戦争目的論を批判しつつ、しかし戦時の国家の存在理由を積極的に示そうとしているからである。この大戦でドイツに問われていることは何か。ドイツが大国としてある以上、何をなすべきか。彼はこれに答えようとする。われわれには周知の「歴史に対する責任」がここに再現する。軍事史の研究で高名な歴史家ゲルハルト=リッターは自らの戦争体験をこう回顧した。「戦前の教養ある青年たちは、私がそうであるように、硬直した狂信的な汎ゲルマン主義のナショナリズムと何の関係もなく、単に後向きの愛国主義に没頭することもなく、また単に父祖の偉業をたたえ祝うためでもなく、むしろ、希望に満ち満ちたいっそう偉大な未来をみつめ、マックス=ヴェーバーやハンス=デルブリュックの呼びかけにしたがって進んだ――」(『岩波講座世界歴史』24)。

世界強国ドイツの建設

現実の戦争の展開の中で、他面どのように戦争を終結してゆかねばならないか、またどんな条件で和平が可能であるのか、このきわめて高度な政治問題についてもヴェーバーは自らの立脚点から現実的可能性を検討する。彼の主張の性格を知るためには、まず政府・軍部そして社会一般の戦争・講和に対する考え方をみておかねばならない。

戦闘は当初ドイツ有利に展開した。世論は、指導的イデオローグに先導されつつ、ドイツの世界強国としての権力地位を望んだ。九〇年代にヴェーバーが農政論で対抗したマックス＝ゼーリンクは、いまや枢密顧問官の高い地位にあった。その彼が一九一五年九月に政府に提出した「北東の占領地域に関する報告」は、ドイツの東方政策に決定的な影響を及ぼしたとされているが、その「一般的観点」をみてみよう。「近代の世界強力の基礎は、国内産業のための原料供給地と販売市場として、広大な熱帯および亜熱帯の植民地を所有することにある、と彼はみた。だが、彼にとってさらに重要なのは、『民族の力の真の本拠としての』本国であった。本国は、国民の食糧を確保し、とくに『健康な人間を育てることができる故に』重要なのであった。ドイツと反対に、世界強国としての地位を確立した国――アメリカ合衆国、ロシア、大英帝国――は、白人のためのそのような居住地域を十分に持っている。これら三つの『巨大帝国』が成立したことは、ゼーリンクによれば、古い大国が『中流国家』に転落する危険を必然的にともなうものであった。かかる危険をドイツが免かれようとすれば、ドイツ自身が世界強国になる以外にはない。だがこれは、ゼーリンクによれば、ドイツがその居住圏と経済圏とを拡大したときにのみ可能である。このために存在する唯一の領域は、スラヴ民族のすむ東ヨーロッパである。ドイツの東ヨーロッパにおける膨張は、同時にまた既存の世界強国のひとつロシアを甚だしく弱め、ロシアの中欧列強に対するその数的優位を決定的に低下させる、という利点をもたらすであろう」（F＝フィッシャー『世界強国への道I』村瀬監訳、岩波書店）。この観点は当時かなり広範にもたれていた。そして問題は、この膨張欲求をどう具体化するか、にあった。

東部ではポーランド人居住地域を一部併合、一部保護領とし、占領したリトアニアなども合併することが、そして西部ではルクセンブルク併合、アルザスの対仏国境を十数キロ西に動かすこと、さらにはベルギーの東部併合と残りの保護領化が、政府・軍の指導部によって画策された。大利益団体に誘導され併合主義を唱える汎ドイツ協会は、ベルギーとソンム川以北のフランスの合併すら要求した。開戦の契機は忘れられ、大英帝国に対抗できる強国ドイツの建設、その要としてのベルギー支配、が人びとの頭を占めるようになった。

ヴェーバーの認識

ヴェーバーはどう考えたか。まず西部については、ライン河口をもつオランダの支配がドイツの権益伸長のための目標たりえよう。が、それは外交政策上イギリスに利するのみか、軍事的にもマイナスである。むしろ交通政策上の協定を結び、その際オランダの「無条件の独立を尊重」することで両国の友好関係を密にすることがドイツには有利であり、しかも現実的である。「西部国境で併合政策と抑圧政策を行えば、わが国は錯綜《さくそう》した敵対関係のなかに巻きこまれること必至である。そうなれば、東部問題の解決にあたってわが国の力は永遠に麻痺《まひ》してしまう。わがライン地方の国境を保全するのに最小限に必要なことは、1、ルクセンブルクに一八六七年以前の状態を作りだすこと、2、将来ベルギー国民との和解の道を閉ざさないように、ベルギー問題を処理すること、しかもそのさい、わが西部工業地帯への奇襲攻撃に備えて、併合とか併合並みの『編入』をしないで獲得できる保障をできるだけ有利な条件で取りつけておくことである。それにもかかわらず……膨張政策を行おうと欲するなら――ロシアとの無条件の協調、すなわちロシアとの緊密な同盟が不可欠な前提である。」それは将来可能かもしれぬ。しかし「……西部における併合政策は、将来にわたって西欧列強との誠実な協調を不可能にするため、わが国が外面上どのような戦果をあげるかにかかわりなく、この戦争を無限に長期化するという直接具体的な効果をもたざるをえない。」その場合に戦争の主導権を握るであろうイギリスは「……西部でのわが国の政策が（上述の意味での）純然たる安全保障政策の立場を堅持することが確実でない限り、将来も〔対ドイツ〕連合の更新を望むに相違ない。将来、同じ連合がたえず復活し存続するなら、わが国の世界政策は永遠に麻痺するだろう」（「講和問題によせて」）。

　東部についてはどうか。対露対決の場たるポーランドは独立国となるがよかろう。経済的にはドイツはそこから最恵国待遇をうけるだけでよい。ヴェーバーは、かつて参加していた汎ゲルマン協会が大地主の利益を民族の利益に優先させ、ポーランド人を安価な労働力としかみないことに反対して、これを脱退した。ドイツ東部のポーランド人との誠意ある協調はわが国の義務でもある。「しかしわが国境の彼方では、つまりポーランドでは、要するに東部では、ひとたびこのような戦争がはじまったからには、わが国は大ドイツ的政治を行うことはできません。できないどころか、この戦争が西スラヴ問題をまきおこすこと、そして自ら望まない場合ですら、わが国は東部で小民族の解放者になること——これがわが国の運命なのです」（「ヨーロッパ列強とドイツ」）。彼にとっては東部問題解決の展望こそが、講和の要件であった。

　国家の指導層は早期講和の機会をことごとくつぶしてきた。戦争長期化それ自体、国民にとり苦痛であるのはもちろんのこと、ドイツの将来の地位を危くするものなのである。欧州の疲弊は「ヨーロッパ以外の国民——とくに北アメリカ——が、産業の支配権を独占し、わが国をいつまでも不利な状態に追い込むという結果をもたらす。これは、一面では、周知のごとき効果を伴う紙幣経済にはいり込むことの、他面では、ますます固定利子付き公債へと投資されることによって国内資本が喰い潰《つぶ》されることの不可避的な結果である。……公債経済の進展こそは、金利生活者層の急激な増加——すでに今日、年間一〇億マルクの戦時公債利子が金利生活者に支払われている——と、とりわけ経済的『安全』を求める金利生活者根性の培養を意味している。」将来の経済的権力地位の低下、そうして戦後の経済活動に必須であるはずの活発な企業家精神の衰弱をヴェーバーはうれえていたのである。

権力国家としてのドイツ

ヴェーバーは自国への批判に終始していたのではない。東部でドイツが「小民族の解放者」たることを運命だとした彼は、他の大国の態度をも同じ論理で批判する。「敵のきまり文句のひとつとして、『小民族』の問題が提起されました。もし敵がほんとうに民族自決の原則にもとづいて講和の締結を望むなら、われわれはいつでもこれに応ずる用意があります。――われわれは全世界にむかって声を大にしてこのことを宣言しましょう！　しかし、『殺し屋どもからはじめるべきだ！』です。」協商側の列強の支配下に、ドイツの銃口に追いたてられているアイルランド・エジプト・アルジェリア・フィンランド・コーカサス等々の三億五千万の諸民族に自決権を与えることが講和条約に明記されなければ、筋は通らない。これまで、インド人、コーチシナ人、リトアニア人などのすぐれた文化をもつ民族の居住地を植民地としてきたのは、ドイツではなく、イギリス・フランス・ロシアの方ではなかったか。だが、この問題をつきつめてゆくと、権力国家の存在理由を問うことになるのであった。

ドイツが中欧の地に七千万の人口をもつ国家として位置していること、この歴史的地理的条件がドイツを権力国家たらしめている。この国の存亡にかかわる脅威は唯一ロシアである。ロシアの皇帝教皇主義的な統治体制、農民の土地飢餓と人口膨張が、中欧にとっての危機源である。これがヴェーバーの基本認識であった。こうして中欧の権力国家ドイツの課題が明確になる。

中欧に大国として存在するということは、東のロシア、西のアングロ-サクソン、ラテンという文化にかこまれた中でドイツの文化を独自なものとして子孫に伝えることを課題として抱えることになるのだ。そして中欧に権力国家ドイツが地歩を占めるということは、ヨーロッパの政治力学上必要なことであって、これがなされることによってヨーロッパの小国の文化が最もよく発展する条件が生まれるのである。権力国家としての地位をはじめから放棄せざるをえない小国（スイス・ベルギー・デンマークなど）には小国に固有の意義ある文化育成の課題がある。それは大国が権力政治的関心から自国では断念せざるをえない質のものであって、逆に大国には、小国の発展をかなえる条件をつくることが歴史的責任として与えられている。ヨーロッパの権力均衡、政治的安定をつくり出すという仕事は、小国にではなく、大国にこそ任されている。ドイツは一八六〇年代に帝国創設という、歴史的選択によって、逃れがたくこの責務を負うたのである。「もしもわれわれがこの義務を拒絶するなら、ドイツ帝国は、文化を毒するようなきらびやかで浅薄な贅沢《ぜいたく》というものです。もしそうなら、われわれはこのような贅沢をすべきではなかったのです」（「二つの律法の間」）。

こうした彼の態度は、権力ロマン主義的なものとは無縁である。経験科学者ヴェーバーは、古今東西の事例から「政治上の境界を示す三つの合理的な要素――軍事的安全性、経済的利害共同態、国民的文化共同態――は、地図の上では一致するものではない」ことを熟知していた。そもそも一民族一国家など不可能である。東欧に限っても「ここでは、民族を越えた国家制度のかたちで民族連合体だけがいつまでも可能」であるにすぎない。だから地理的歴史的条件と民族の選択とによって、権力国家と小民族とが成立したとしても、双方の有する価値の大小という問題などありえない。ただ「権力」という独自な世界が、双方に異なる課題を与えることとなるにすぎない。こうした冷徹な認識を前提としているがゆえに、ヴェーバーの発言は、「歴史に対する責任」、国民の「名誉と栄光」、小国の自由の保障、などの表現の与える印象とはいささか異なって、分析から展望に至るまであくまで現実主義者《レアリスト》のものなのであった。

「新秩序ドイツの議会と政府」

政治論集の白眉

戦争は人びとがはじめ予想した短期決戦で終わらず、総力戦となって長期化した。一九一六年春には宰相ベートマン-ホルヴェークは公然たる戦争目的議論を検閲などを通じて弾圧しはじめた。また国民の戦意低下に抗する協力体制づくりとして一七年三月にはプロイセン下院の選挙法改正策が提起された。こうした中でヴェーバーの筆鋒《ひっぽう》は今度は国内政治を正面にすえた。戦争で彼は弟のカールを、そして友人の哲学者エミール＝ラスクを失う。悲しみをこえて彼の筆は鋭く冴《さ》えわたる。

まず開戦時のドイツに不利な国際環境をもたらした外交政策、外交能力の欠如、それを恒常化する政府のシステムとしてのまずさの批判。国民の政治的成熟をはばむドイツ社会に内在した諸要因の指摘。彼の批判は憲法改正までも含む、きたるべきドイツ政治制度の提案にまで至りつく。論稿の多くは「フランクフルト新聞」に掲載された。なかでも一七年四～六月に連載された「ドイツ議会の過去と将来」は加筆されて一八年五月に『新秩序ドイツの議会と政府』と題された冊子として公刊された。これは、彼のドイツ政治に対する分析・批判・提案を最も包括的に含み、またしばしば『政治論集』中の白眉《はくび》と賞賛されてきたものである。これを手がかりに、彼のドイツ政治論並びに近代政治論をみてゆこう。

構成は、序文と、1ビスマルクの遺産、2官僚支配と政治指導、3行政の公開と政治指導者の選抜、4対外政治における官僚支配、5議会主義化と民主化、6議会主義と連邦主義、の六つの章である。

ビスマルクの遺産

ドイツ帝国の統一を果たしたビスマルクはすぐれた政治家であった。彼の強力な指導はある程度まで軍部を抑えることができたし、外交政策上の綱渡りもやりとおせてきた。ヴェーバーは彼の天才的能力を高く評価する。だが彼のマイナスの遺産も大きかった。それは彼が自らの望む政治運営方針を貫くために、大衆煽動《デマゴギー》を中心とした様々な手段を用いて帝国議会をあやつり、そのあげく去勢してしまい、独立の力ある政治家をことごとく排除してしまった、ということである。彼の議会運営の巧さの結果、諸政党は政治理念を具体化するという態度を失って（それはビスマルクにまかせてある）、議会内でうまく立ちまわることで、自党関係者を一人でも多くうまみのあるポストに送りこむ仕事に精を出した。議会は物的利害の取り引きの場と化し、かくして有能な政治指導者がこの無力な議会から育つこともなくなった。議会が無力となれば国民も充分な政治教育をうけることはできない。「無力な議会と政治教育の一片もほどこされない国民」――これがビスマルクの負の遺産であった。ビスマルクなきあとのドイツは、権力国家としての課題を満足に遂行しえない。このことは、外交政策の破綻《はたん》と開戦、早期講和の失敗と戦争目的にかんする軍部デマゴギーの横行といった事実で証明されている。

「未来の隷属の容器」

ここで『政治論集』を離れて、ヴェーバーの有名な「官僚制」論を一瞥《いちべつ》しておこう。彼は『経済と社会』の中の「支配の社会学」において、狭い意味での支配とは、「利害状況によって――とりわけ市場的に――制約された、形式的には常に利害関心の自由な発動にもとづいている力《マハト》と、正に正面から対立する概念であり、したがって、権威をもった命令権力というのと同義の概念である」と述べる。また支配を「一定の命令に対して服従を見出すチャンス」と規定し、支配者・被支配者の双方が権利根拠、つまり支配の「正当性」の根拠によって内面的に支えられるのが常である、としている。そして正当性根拠は、純粋な型としては三つのものにしぼられ、それらにもとづく支配をそれぞれ、合法的支配、伝統的支配、カリスマ的支配とよぶ。まず、形式的に正しい手続きで定められた規則への服従という観念に支えられるのが、制定規則による合法的支配である。次に、昔から存在する秩序と支配権力との神聖性を信ずる信念にもとづくのが伝統的支配である。そして、支配者の人格とその天与の資質（カリスマ）、とくに非日常的な呪術的・軍事的能力や弁舌の力などへの情緒的帰依によって成立するものがカリスマ的支配である。最初の合法的支配の最も純粋な型が官僚制的支配なのであった。

官僚制の機能の仕方には次の特色がみられる。まず規則によって権限が明確に分配され、上下関係が一元的支配として体系化されることにより、階統制《ヒエラルヒー》が確立する。業務内容が記録・保管されて文書主義が貫かれる。職務遂行のために専門的訓練（知識の習得）が行われ、官吏は専業として職務にあたる。職務のための手段（文書・事務所・資金・官職地位など）は私的財産でなくなり、公私の分離が明確となる。――このように機能する官僚制は、精確・迅速《じんそく》・明確・継続性・統一性・慎重・厳格な服従関係・物的人的費用の節約などの点ですぐれており、大量の複雑な業務を処理する能力をもち、他の支配形態にみられぬ技術的優秀性を示す。官僚制化は人間と運営手段の分離をうながす。そしてその手段は人的組織を統禦する者の手に集中する。これは行政の官僚制に限られず、企業・軍隊・大学でも同じである。それは社名入りのボールペンを使う会社員、図書館の本をつかう教師、武器を私有せぬ近代軍隊の兵士を見れば明らかであろう。この「人と運営手段の分離」という視点は、マルクスの言う「生産者と生産手段の分離」をも包摂する重要なものである。あらゆる生活領域――国家・政党・企業・病院・学校・教会……――に進行する官僚制化をヴェーバーは「未来の隷属の容器」とよんだ。この中で人間は小さな歯車の一つでしかなく、少しでも大きな歯車になることにしか関心をもたなくなってしまう。人間の未来をこの官僚制化という普遍史的問題のもとにとらえたヴェーバーは、しかし、その中でも「いかにしたら人間の自由の一片でも救い出すこ

マルクス

とができるのか」と問うてゆく。

政治指導者と官僚

人間のつくり出した組織があたかも生命をもった生き物のように肥大して逆に人間をがんじがらめに縛っている。そこから人間らしさをいかにして取り戻すのか。ヴェーバーの抉《えぐ》り出したこの問題状況をマルクスの「疎外」論と並べて比較検討した哲学者カール＝レヴィットは名著『ヴェーバーとマルクス』（柴田治三郎他訳、未来社）の中でこう記している。「両人とも――マルクスは直接に、ヴェーバーは間接に――市民的資本主義経済を手掛りとして、市民社会における今日の人間の批判的分析を提出する。その際基礎となるのは、《経済》が人間の《運命》になったという経験である。……マルクスが《治療法》を与えているのにたいして、ヴェーバーは一個の《診断》を下したにすぎない。」いま政治の世界をみようとするわれわれはそこで立ち止まってはいられない。官僚制の原理に対抗すべき力を提示し、それによって官僚制の力をコントロールすることが必要なのである。ヴェーバーはその一つを政治指導者にみた。

政治指導者とは、自らの理念を掲げてその実現に努力するものである。現実的に可能な諸手段を考量し、妥協することも迫られよう。だが究極的には、最善を尽くしながらも自らの仕える主人（国民であれ君主であれ）から意にそぐわぬ指令を受けたときには、たとえば首相の地位の辞職を申し出る覚悟がなければいけない。その地位にへばりつくための妥協は論外である。そこには政治家としての責任のとり方があるのだ。「自己の権力のための闘争と、獲得した権力から生じてくる自己の課題に対する固有の責任」こそ、政治家としての「生命の素《もと》」である。

これに対して官僚の場合はどうか。「決断の自主性なり自分の考えにもとづいた組織能力なり」は、指導者にも官僚にも等しく要求されることであって、仕事の仕方についてみれば一般に言われるほどの差はそこにはない。ただ、「官僚は、自分の意見と喰い違う命令を受けた場合には、異議を申し立てることができるし、また申し立てるべきである。だが、上司が自分の指令を固執して譲らないならば、下僚としては、あたかもその指令が自分の本来の信念と一致しているかのようにそれを遂行し、そうすることによって職務にたいする義務感が自分の信念よりも重要であることを示すのが、官僚の義務であるばかりか官僚の名誉でもある。」彼は権力闘争の外に身をおくべき存在なのである。

このように両者の態度決定の究極には異なった「責任」概念がある。したがって政治家が信念をすてて服従したり、逆に政治家の責任なるものを知らぬ（職務上もちえない）官僚が政治指導をカーテンの背後で行うことになれば、それこそ無責任な政治指導——信念にもとづいた、責任の所在の明確な政治指導の欠如——ということになってしまう。

官僚支配の欠陥

ヴィルヘルム二世の支配は「皇帝の個人的統治」といわれる。だが中味は、実は無責任な、無統制の官僚支配であった。このしくみをみておこう。

官僚は知識を自己の権力地位の根拠としている。まず彼らは専門教育によって行政技術上の多くの高度な専門知識を身につける。それにとどまらず彼らは、職務遂行の中で官僚のみが入手しうる具体的事実にかんする知識、つまり職務上の知識をもつことになる。そしてこれが「職務上の秘密」であるがゆえに官僚の秘密知識となり、それは議員も誰も知りえぬことから、彼らの重要な権力手段と化すわけである。行政には誰の監督も及ばぬ領域ができあがってゆく。

さて、君主は生まれながらに君主なのであって、訓練をうけた政治家なのではない。だから、例外もありえようが君主とは政治的にはディレッタントにすぎぬ。この君主が親政に乗り出そうとするならば、行政を把握するためには彼は官僚の報告に頼ることになるが、それをチェックしようとすれば別の官僚の報告による他はない。堂々めぐりが始まる。そこには省庁間に管轄権をめぐる争いが生じる。また誰がトップの官僚の座を占めるかが問題となる。これはもう宮廷内の人事抗争の中で決まることにしかならない。こうして上級官僚層内部で人事の取引が行われる。

本来、政治家の最高の地位が大臣（正確には国務長官）であり、彼が行政の監督・統制を行うのであるが、この大臣は君主が指名することになっている。そうして辞任の途のない君主が政治家を気どりはじめると、大臣に上級官僚を指名する可能性が開かれる。あるいはやはり政治的素人の貴族が取引の結果として大臣となる。官僚の利害は貫かれる。ビスマルクの遺産である強力な指導者に「イエス」を言うことと、党派の物的利害の調停技術しか知らない無力な政治家が大臣となる。あるいは大臣の地位は保守党官僚の昇進の最終目標とされていたのである。こうして、大臣もその指導者たる宰相も議会にではなく君主にのみ責任を負うという制度の下で、君主の個人的統治なるものが行われた。政府には一人の指導的政治家もいない。「君主は自分で統治するつもりになっているが、実際には官僚が、君主をかくれみのとしながら、だれからも統制されないで、無責任にふるまえる特権を享受しているのである。」

この体制の欠陥は、うちわの論理や言い訳の通用せぬ外交政策の場で、見事なまでに露呈した。ヴェーバーは、イギリスの反独感情を強めた一八九六年のクリューガー電報事件、日本・中国を対独参戦に向かわせる一因となった皇帝の「黄禍」論公表、九八年の皇帝のダマスカス演説（汎スラヴ主義への挑戦）公表、英仏の結束を強めさせたモロッコ危機事件、独英反目を決定づけた一九〇八年のデイリー＝テレグラフ事件を採りあげて、国際世論の反独感情と列強の対独結束強化、したがってドイツの孤立化をすすめたドイツ外交政策を具体的に点検した。「……われわれが体験したことは、ドイツの政治指導が、外交問題に関する君主の純個人的な見解の公表を、勤勉な宮内庁の役人や報道官などを通じて、あるいは許容したり、あるいはすすんで協力する、こういう事態であった。」

政治的指導者といえる人物を一人も大臣や宰相にもたないドイツ内政の欠陥は、外交の面ではとりつくろいようもなかった。「君主の公的発言は、国内では容赦ない批判から遠ざけられている。だから国内では、この発言が政権担当者を庇護《ひご》する。すなわち彼は、自分自身の態度にむけられる容赦ない批判を受け流す楯に、君主の公的発言を悪用する。しかし外国は、君主の発言を前に立ち止まってはくれない。君主の言うことを真にうける。政治家なら、状況が変化して必要とされる態度決定にズレが生ずる場合には、その職を去ってよいし去るべきである。しかるに君主はとどまらねばならない。が、君主とともに発言も残る。」そのとりつくろいにドイツの外交政策はぬかるみにはまっていった。

政治家が君主の発言の公表に責任をもつ位置におれば、公表をやめさせるなり、公表のひき起こす結果に責任をとって辞任するなりのことが可能である。そのことによって素人政治家の君主を外国の対独政策の標的からおろして、政府が前面に出る。外交政策は冷静にドイツの権力利害を考慮する政治家の責任ある指導の下におかれることとなる。だが肝心の政治家が欠けていた。ドイツの保守的な官僚支配は「決定的瞬間に、官僚精神を身につけた連中を、政治家が占めるべき指導的な場所に据えた。この政治家こそは、政治闘争のなかで公的発言の重さを測る心得があり、とりわけ指導的政治家としての責任感をもつ人物である。そして、官僚にとっては必要だがある場所にあっては有害な、官僚としての服従の義務感をもたない人物である」。

官僚支配を排した政治を行うためには、議会に権力を握らせることが必要である。ヴェーバーはその実現のために二つの具体的提案をする。一つは議会に「調査権」をもたせること、もう一つは憲法九条二項の改訂である。

議会の調査権

さきに見た如く官僚の重要な権力手段は秘密知識であった。政治家がそれを入手しうることが制度的に保障されていなければ、行政の監督など存在しないことになる。だから「書類閲覧、実地検証、さらには極端な場合には、議会委員会の席上、証人として出頭する関係者に宣誓させて訊問《じんもん》すること」などを通じて、議員が事実にかんする知識を入手しえなければならない。この問題について、ヴェーバーはイギリスの議会制度をモデルに考えていた。議会委員会に調査権が与えられていれば、個々の問題にかんして当該官庁の官僚や長官は責任ある答弁を要求される。官僚の知識は秘密のままにされることなく公開されることとなる。一方、政治家の方でも大衆の情緒に訴える弁舌のみならず、官僚から有効な情報をひき出すための、地味ではあるが重要な具体的行政への精通というものが要請されることになる。緊張した委員会活動を経験することによって政治家がきたえられ、また行政の公開によって国民が自らいかに統治されているかについて深く知るようになる。ヴェーバーが議会主義化の手段として提起した調査権は、官僚支配の制禦《せいぎょ》、政治指導者の育成・陶冶《とうや》、そして国民の政治教育をねらうものであった。「政治家は強力な、行動する議会の委員会のなかで行政の実際を経験し、そこで自己の力量を証明しなければならないが、こうした行政の実際についての緊張した活動を訓練する場だけが、議会という集会を、たんなるデマゴーグではなく、実質的に行動する政治家を選抜する場に変えることができる。そういう選抜の場として、イギリス議会は今日まで他国の追随を許さない。以上のような方法による専門官僚層と職業政治家との協力だけが、行政の恒常的な監督を保障し、さらにそれを通じて、指導する者と指導される者との政治的な教育と訓練を保障するのである。効果ある議会の監督によって強要される行政の公開こそ、あらゆる実り多い議会活動と国民の政治教育の前提条件として、要求されるべきものである。」行政の公開を制度的に保障するもの、それがドイツ帝国議会には欠けている強力な議会調査権であった。

憲法九条二項の規定

次に憲法九条二項について。ドイツ帝国は君主国の連邦であり、各支邦政府の派遣する代表が連邦参議院に議席をもつ。これが帝国の連邦主義的要素を表現する。また、普通選挙で選ばれた議員で構成される帝国議会は帝国の統一主義的要素を表現する。プロイセン国王が帝国皇帝を兼ね、プロイセン首相が帝国宰相として参議院の議長を兼ね、主たる国務長官はプロイセン政府の大臣を兼ねて参議院に議席をもつのが常であった。この複雑な構造こそ、帝国憲法をめぐる諸問題の源であった。そうして九条二項は「なんぴとも連邦参議院と帝国議会の議員を兼任することはできない」と規定していた。どういう問題がそこから生ずるか。

ヴェーバーはこう指摘する。「議会主義的な統治の行われている国ぐにでは、指導的な地位にある政権担当者たちが議会に所属することは無条件の要求であるのに、この条項あるがために、ドイツではこれが法のうえで不可能になっているのである。帝国宰相、あるいは使節として連邦参議院に派遣される各支邦の大臣、あるいはまた帝国国務長官などは、たしかに各支邦の議会——例えばプロイセン邦議会——に所属し、そこで政党に影響を与えたり、政党を指導することまでしている。しかし、帝国議会に対してはそうはいかない。この規定は、イギリスでは下院から貴族が除外されていることを（おそらくはプロイセン憲法を介して）単純に機械的に模倣したものであって、軽率な規定である。これは廃止されねばならない。廃止それ自体のもつ意味は、議会主義制度の導入なり議会主義的官職授与権の導入ではなく、政治的に有能な議員が同時に政治において指導的な帝国の官職に就任しうる可能性（の創出）というだけのことである。帝国の指導的官職につくのが明らかに適当と思われる代議士がその官位につくと、いきなり政治的な足場を否応なしにはずされる理由は、理解し難いものがある。」有力な政治家が政権担当者になると、彼の本来の権力基盤たる帝国議会の議席を奪われてしまう。これではまずい。

もし兼任が許されたら、ある人は議会では自己の信念にもとづいて発言し投票する。と同時に参議院では支邦政府の指令によって投票せねばならぬために、彼は自己の信念に背いて行動せねばならぬかもしれない。そこに「良心の葛藤」が生ずる、という批判は当然出された。しかしヴェーバーは反論する。「ある国政担当者が自分の政治的信念に反する訓令をうけたなら、彼はその役職を退かねばならない。その場合、退陣は政治的名誉の命ずるところであって、『良心の葛藤』からではない。」ヴェーバーの望んでいるのは、まず責任ある政治の確立である。そしてそれを遂行できる政治家の陶冶を制度的に行うことである。兼任禁止は、有力な政治家を彼がひきいていた帝国議会の政党勢力から分断する。しかし兼任となれば、彼は政党指導者として国政担当者であり、支邦政府の派遣代表である。彼の活動を通じて、まず帝国議会の権力強化、責任ある政党政治の追求が惹起されるとともに、議会・政党に対する帝国政府の政治指導の（カーテンの後でなされるのではない）正当な影響力の強化ももたらされるであろう。こうして、君主制下における議会主義化＝議会権力の実効的強化がもたらされ、無力な政党政治からの脱皮が諸政党に要求されることとなる。この水路が開かれることは、まさしく国民の政治教育のチャンスが増すことである。これが問題の一面であった。

「連邦参議院の議会主義化」構想

もう一つの面はドイツの連邦主義の問題である。憲法理論上、「議会主義と連邦主義」の両立不可能性が説かれていた。それはこういうことである。「帝国政府を議会主義化すれば全ドイツ人民によって選挙された帝国議会が政治的指導に対し決定的影響力をもち、そして連邦権力はもはや連合せる君主の諸政府の権力ではなくなってしまうであろう。ここにドイツ帝国の解体の危険がみられる。連邦の君主制的同質性の観点からも、議会制的帝国政府はゆゆしき問題であると思われた」（C＝シュミット『憲法論』阿部・村上訳、みすず書房）。

議会主義化は、責任ある政治指導と国民の政治教育の観点から不可欠である。ヴェーバーの課題はかくして、「どうすればドイツの議会主義化は、健全な、すなわち能動的な、連邦主義と調和できるだろうか」となる。そして、九条二項の兼任禁止規定こそそれを阻む障害である、というのが彼の答であった。兼任禁止の場合は、各邦での議会主義化が進行すると、「プロイセンは、プロイセンで支配的な諸政党に信任された者を連邦参議院へ派遣し、プロイセン以外の支邦は、各邦において支配的な諸政党に信任された者を派遣することになろう。その場合、帝国宰相、およびおそらく連邦参議院に出席する国務長官は、プロイセンの政党政治家であり、他の連邦支邦の代表者は、各支邦議会の政党政治家であろう。こうして連邦参議院の議会主義化は、第九条によってはけっして阻止されないだろう。〔ただし〕この議会主義化は、必然的に連邦参議院の分権主義化の道を歩むようになろう。」参議院に入らずに帝国議会の議席を保った国務長官を介して諸政党が内閣に圧力をかける。加えて「連邦参議院において、各邦議会出身の互いに敵対する政党代表者が、党の利害に加えて分権主義的利害を代表せずにはおれないために、衝突するという状態である。」こうなると、プロイセンは帝国内の圧倒的権力にもの言わせて小支邦国を陪臣化し、中位領邦〔ザクセン・バイエルン・バーデン・ヴュルテンベルク〕はプロイセンに対抗する。連邦主義的要素の表現であった連邦参議院は、分権的利害の表明、割拠主義的方向の表明の場になってしまう。諸邦の声を帝国統一へと方向づけるような連邦主義はそこでは望まれない。

だが、兼職禁止規定を廃止すれば、帝国の統一性が参議院に浸透する途が開かれ、分権主義への傾斜も緩和されよう。「なぜというに、連邦参議院に、各支邦の議会人ばかりでなく、少なくとも帝国議会政党の代表者もまた出席するならば、諸政党の全国規模での結合がみられることとなり、それによって政党内部の地域的な喰い違いは大幅に調整されるからである。……三つの権力集団、すなわち、帝国政府と帝国議会、プロイセン政府とプロイセン邦議会、小邦の君主と議会、これら三つの権力集団の議会主義化された代表者ができるだけ連邦参議院の内部で力の均衡をつくり出そうと努めることは、各邦の問題でもあり帝国の問題でもある。このことを可能ならしめようとすれば、議会主義化された帝国の最高官吏を連邦参議院のなかに入れるよりほかにはない。そのとき議会主義化の奔流《ほんりゅう》は帝国の統一性という河床に導かれ、同時に、帝国の政務に与える各邦の活発な影響は保障される。」ヴェーバーの「連邦参議院の議会主義化」構想といわれているものは、このように君主制連邦国家における議会権力の強化と連邦構成を保持した形での統一性の保障、という難問に対する現実的な解答であった。君主制と議会制、連邦と統一、という対立契機を、外枠を変えずに取り込むための苦心の策であった。

大衆民主主義

議会権力の強化といっても、その議会がいかなる選挙制度を採用しているかを問わなければならない。というのは、次のような事情があったからである。ドイツの君主主義者を先頭とする支配層は民主主義を毛嫌いし、その表現である普通選挙法に反対して、金権的・身分的などの選挙法を宣伝した。しかし帝国議会は普通選挙で行われていた。ビスマルクが自己の権力地位を固めるために民主化を先取りし、民主主義の定着ならぬ人民投票（後述）の道具にそれを使ったのであった。

ビスマルクも早く認識していた如く、時代は大衆化の状況を示した。政治の局面では大衆民主主義的状況の進行を考えなければならない。現代社会についてもいえるこの問題をヴェーバーはどう見ていたであろうか。「……大衆民主主義のもつ国政上の危険は、なには措《お》いてもまず、政治において情緒的要素が強大な力をもつ可能性のなかにある……。『大衆』それ自身は、（個々の場合にどんな社会層から構成されているかにかかわりなく）『せいぜい明後日《あさって》までのことしか考えない。』あらゆる経験の教えるように、大衆はつねに、目前の純粋に情緒的かつ非合理的な影響力に身を曝《さら》しているからである。」「能動的な大衆民主化が意味するのはつぎの事実である。すなわち、政治指導者は、名望家層内部における資格の承認にもとづいて候補者たることを宣言され、そのあと議会でぬきんでることによって指導者となる、こういう過程をもはやたどることなく、大衆デマゴギー的手段を用いて大衆の信任と信用そのものを、したがって権力を獲得する、これである。これは、ことがらの本性上、指導者選抜のカエサル主義的な転換を意味している。じじつ民主的制度はすべてこういう傾向を示す。特殊にカエサル主義的な手段とはなにか。それは人民投票である。これは普通の『投票』

とか『選挙』とかではなく、自分の指導者的使命《ベルーフ》にたいする賛同を要求する男の、その使命に寄せる『信仰』の告白である。」

この状況にあってはデマゴギーが有力な権力手段となる。大衆デマゴギーを駆使し、人民投票的に権力を握った指導者をもつことが民主主義のゆきつく運命であるとすれば、そこでの弊害を抑制するためにも議会の権力が強化されねばならぬ。大衆の信任を得た人物に対し、その権力地位の監督、市民的な法の保障、彼が信任を失ったときの退場の平和的な形式の保障、という任務を議会は帯びている。したがって秩序ある民主主義を望むなら、それは議会制民主主義という形をとる必要があろう。――『議会と政府』の「5　議会主義化と民主化」には、こうした問題や、さらには政治家の条件、政党組織の変化の分析を含んだヴェーバーの政治社会学が展開されている。ここではそれに立ち入らず、ドイツの時事問題にかえろう。

三級選挙と平等選挙

帝国の指導邦たるプロイセン議会の下院は、悪名高き「三級選挙」法で選出されていた。これは帝国議会の普通・直接・秘密選挙と全く違って、制限・間接・公開の選挙であった。二四歳以上の男子が納税額によって（選挙区で多額納税者順のリストをつくり、上位から納税額を累計して納税総額の三分の一に達したところまでの人を第一級、以下三分の二までを二級、残りを三級とする）三階級に区分される（制限）。各階級が同数の選挙人を選ぶ（間接）。各人は投票所で選挙人の名前をいう（公開）。この仕組みの圧迫感は想像を絶する。極端な例では、ある県の社会民主党の得票数が、帝国議会選挙で一八、八〇〇票であったのに対し、プロイセン下院選挙では三二票であったという。公開選挙の威力である。加えて三級という金権選挙のカラクリが働く。一九〇八年の選挙では、社会民主党対保守党・自由保守党が五九八、五〇〇票対四一八、四〇〇票である（公開にもかかわらず！）のに、当選議員では六人対二一二人であった（以上、村瀬興雄『ドイツ現代史（第九版）』、東大出版会）。この現状に政府は満足せず、さらに手を加えようとする。プロイセン統計局は、「プロイセン邦議会の構成として、国民自由党・帝国党・保守党の代議士がもうすこしたくさん選ばれるように、中央党・左派自由主義政党の代議士はあまり選ばれないように、社会民主党の代議士は絶対に一人も選ばれないように、そのようにするためには選挙等級の区分をどうすればいいか、それをじつにむずかしい数理計算によってひねり出す任務まで帯びている。」ヴェーバー一流の皮肉である。

彼は平等選挙法を主張する。その場合彼は、人間の天賦の平等といった思想に与《くみ》しない。平等選挙権を、社会的に条件づけられた財産の不平等に対する、これまた社会的な「平衡錘《へいこうすい》」とみなしているふしがある。しかし、戦時下で平等選挙法を正当化する彼の議論の中には、次のような激しい表現がみられる。「……平等選挙法は、国家政策的にみれば現代国家そのものが新たに作り出したあの一種の運命の平等と密接に関係している。人間は死の前では『平等』である。肉体的生命を維持するのに必要な最低限の欲求という点でもほぼ平等である。現代国家がその市民のすべてに現実に間断なく、そして間違いなく提示する平等は、後者のようなもっとも当たりまえなことから前者のような悲壮でもっとも崇高なことにまで及んでいる。すなわち、肉体的な安全と生きていくための最低生活、そして死に赴く戦争がこれである。過去における政治的権利の不平等は、すべて究極的には経済的に条件づけられた軍隊における資格の不平等に起因している。こうした不平等は官僚制化された国家と軍隊にはないものである。『国家市民』という現代的概念をはじめて生み出した官僚制の支配のもとで、人びとは平準化され逃れることができない。結局は、投票用紙がこの支配に対抗する唯一の権力手段である。投票用紙という権力手段によってのみ、彼らが死に赴かねばならないかの〔政治的運命〕共同体の諸々の業務にかんして共同で決定する権利の最小限を握ることができるのである」(「ドイツにおける選挙法と民主主義」)。

戦友の死をまのあたりにし、自らも傷ついて帰還する人びとに対して、もはや言い訳はできない。ドイツを主導するプロイセンに的をしぼってヴェーバーはこう迫った。「他の一切のことをぬきにして、国政上つぎのことに踏み切る必要がある。第一、選挙法闘争の結着点としては、平等選挙法がいま可能な唯一のものであること、そして兵士が戦場から帰還して国家新建設に着手する以前に、ますます耐えがたい不毛な選挙闘争が、政治の場から除去されねばならないこと。第二、大戦中は内地にあって、あるいは自己の社会的地位をまもり、あるいは自己の財産や得意先をふやしもした諸階層の選挙権と比べて、そういうものを維持するために戦場で血を流した帰還兵士の選挙権が、選挙法上冷遇されるなどということは、ひとつの政治的不可能事であること。」

支邦議会の民主化を前提とする連邦参議院の議会主義化——これが彼の主張であった。

「大統領」と「職業としての政治」

敗戦と革命

大戦は終局に近づいた。ドイツの敗戦が明らかになった一九一八年の九月、皇帝と軍司令部は休戦を決定、協商側と交渉すべき「民主的」政府をつくるため、「上から」の民主化政策をすすめた。一〇月三日、バーデン公マックスの組閣。アメリカとの講和交渉が始まる。皇帝ヴィルヘルム二世の退位が論じられる中で彼はベルリンから司令本部のあるベルギーのスパーへ逃亡し、退位を拒む。一一月はじめ、キール軍港の水兵反乱を口火に革命が開始された。皇帝はオランダに亡命し、帝国は終わった。

革命の中でヴェーバーはドイツの復興をめざして精力的に活動した。一一月末から一二月にかけて「フランクフルト新聞」に連載された「ドイツ将来の国家形態」では、それまで前提していた君主制の枠が消滅した後のありうる国家制度を検討した。その鋭い考察と、戦前からの発言で高い評価を得ていたヴェーバーは、一時、政府の内務長官候補ともされた。結局、憲法学者フーゴー＝プロイスが指名されたが、プロイスの主宰した憲法起草委員会に唯一の民間人として招かれ、のちに「ワイマール憲法」となる憲法草案の作成に参加したのである。

「国家形態」論が冊子として公刊される際に付された序文（一二月一五日付）には「しばしば、共和制的で大ドイツ的な、だが大プロイセン的でない国家形態、すなわち連邦主義的でしかも民主主義的な特質をそなえた国家形態は所詮《しょせん》ありえないと考えられているが、以下において私は、そのような国家形態は不可能ではないことを示し、議論をまきおこしたいと思う」と書かれている。大ドイツ的とは、オーストリアをも含む構想を意味する。その後行われたティロルやザルツブルクでの住民投票は、「ほとんど全員一致でドイツ国民国家への賛意を表明していた」（W＝コンツェ『ドイツ国民の歴史』木谷訳、創文社）が、こうした実情をヴェーバーは知っていたのである。ただし戦勝国側の圧力で実現はみなかったけれども。

君主制が倒れたのちにも連邦制を支持したのには、いくつかの理由があろうが、まずバイエルンの分離のうごきに抗する必要があったであろう。ミュンヘンでは、「アルヒーフ」共同編集者のヤッフェや革命政府首相アイスナーらによる支邦バイエルンの単独講和の画策さえみられた。中央統一主義はベルリン・プロイセンによるドイツ支配である、という中位諸邦の住民感情も考慮されたであろう。だが、ドイツの戦後復興の推進には、高い行政能力をもつプロイセン官僚機構と、プロイセンのもつ経済力・財政力、そして経済制度上の中央集権制は不可欠である。――こう認識するヴェーバーのプロイセンに対する態度には、愛憎あい半ばした何か割りきれないものが感じられるのである。

さらに戦後復興は、とくにアメリカの援助・信用供与抜きでは考えられない、という現実認識もある。そのためにはプロレタリアの実験的革命評議会《レーテ》政府では信用力がなく、ブルジョアの参加する議会的政府をもたねばならぬ。諸支邦の政府が革命による権力喪失状態を克服しつつある時期に、ベルリンでは左翼の労働者・兵士評議会が中央政府を掌中に収めんとしていた。ベルリンの成り行きにまかせられてしまうであろうような中央統一主義をヴェーバーは信用できなかったのである。資金の問題以前に、戦勝国による直接的占領を少しでも防ごうという観点からも、内乱をおさえる安定した共和制樹立が緊急必要事であった。

国民選出の大統領制と選挙活動

さて、君主なきあとの元首はどういう形をとりうるか。「人民投票の元首か、議会選出の元首か、または連邦主義の元首か。」その可能性を論ずる中で彼は、「国民選出の革命的正当性に支えられた大統領は、固有な権利にもとづいて他の国家機関に対抗するので、議会選出の大統領とはまったく別な権威をもつことになろう」と記している。一二月九～一二日の憲法起草委員会で彼は、少数派だった連邦主義構想を展開するとともに、この国民選出の大統領制を強力に主張した。大統領は、国民の直接的信任を得た行政の首長として、また政党官僚機構と召命なき職業政治家との議会に対抗するものとして、政治の担い手として独自な権力をもつべきものとされた。議会を基盤とする内閣は、議会に対する大衆の信頼低下、合法性という正当性根拠の低落のゆえに、強力な指導能力をもちえない。ヴェーバーは、革命の合い言葉となっている「社会化」の成功がドイツ再建の鍵であるとすれば、軍と官僚を指揮下におき、臨機応変に諸問題を個人的に処理しうる人民投票に支えられた大統領に、より大きな権力が集中していることが必須の条件である、として当初反対していた社会民主党系の人びとを懐柔する作戦すら用いたのである。彼の主張は修正をうけつつもプロイスの草案に容れられるところとなった。

一一月半ば、ベルリンでヴェーバー兄弟やフリードリヒ＝ナウマンを中心に集まった人びとはドイツ民主党を創立した。君主制支持を公表していたマックス＝ヴェーバーは、急な転換を嫌ったが、月末には加入し、党のためドイツ各地で演説を行い大成功を収めた。党は次の憲法制定国民議会選挙で彼をフランクフルト地区の議員にしようとした。彼自身、憲法草案のゆくえにいまだ影響力を行使すべく演説会もやり、プロイスに手紙を書きつつ、議員となることに意欲をみせたのだが、選挙区での有力者と密な接触をとるということは、とくにしなかった。選挙は比例代表制である。地元の党職員や有力者が候補者名簿の上位に並び、ヴェーバーの順位は選出の見込みのないものとなった。翌年一月一九日の選挙では、民主党は、多数派社民党一六三、中央党八八につぐ七五議席を獲得、この三党で「ワイマール連合」とよばれる連立が成った。革命の一応の終結で

スパルタクス団の指導者
ローザ=ルクセンブルク

ある。二月一一日、社民党のエーベルトが議会によって初代大統領に選出された。

「大統領」と指導者民主主義

二月二五日、憲法草案の審議が開始された。この日の「ベルリン取引所新聞」にヴェーバーは「大統領」という論稿を載せた。自らの主張をさらに憲法作成の過程に反映させようという意図からであった。このたびは、自らの経験も加わって、政党官僚機構の利益団体たる議会への見方が一段ときびしくなっていた。

彼の主張はこうである。「初代大統領は、国民議会によって選ばれた。これからの大統領は、無条件に国民によって直接選ばれねばならない。その決定的理由はつぎのごとくである。」まず、連邦参議院が邦政府の代表組織として存続するであろうから、「仲介者の干渉なしに、明らかに全国民の意思にもとづく国家元首を設けることがどうしても必要である。」社会化を推進できる権威をもつものが必要である。社民党も、「しばしば議論された大衆の『独裁政治』は、まさしく『独裁者』を必要とすること、つまり大衆が自ら選び、その信頼に応えているあいだは服従する信任者を必要とすること」をよく考えよ。また、議会の名望家的運営によって阻まれている指導者選抜の機会は、国民による大統領選挙のみが提供しうる。比例選挙の結果、諸利益団体の職員が進出する議会は経済的利害の取引場となり、「議会そのものの純政治的意義が不可避的に制限されざるをえない」こととなる。また、「どんな憲法草案でも——国民のではなく、議員の——多数の無謬性と全能にたいするまさしく盲目的な信仰にあふれている」が、事態は、議会が危機に直面したときには有効に対処できずに国の全機構を混乱させてしまうであろうことを容易に想像させる。そこでは国民投票により独自の権力基盤をもつ大統領が必要となる。

もちろんこれは大統領の独裁を意図するものではなかった。彼はこう記している。「大統領には、法律を侵害したり、独裁的に統治しようとするどんな試みにも、『絞首台と縄』がいつも眼前に吊るされていることを解らせるようにしておかねばならない。」また「国民に選ばれた大統領は、行政および官職授与権の長として、（場合によっては）停止的拒否権、議会解散権、国民訊問《じんもん》権の保持者として、派閥への無気力な屈服ではなく自己の選んだ指導者への服従を意味する真の民主主義の守護神である」とも書いた。これこそ「指導者民主主義」の構想であった。

ヴェーバーはドイツ再建に必要な国民指導の強力な権力を構想しつつも、一方ではやはり大統領と議会の権力バランスを考えている。しかしそれは、政治的に成熟した国民のみが手にしうる強力な議会があればこそ生きる構想である。ドイツの未成熟克服のために激しくペンをふるった彼は、どう展望していたのだろうか。大衆民主主義状況の進展、敗戦と革命の混乱、そうして合法性という正当性根拠の有効性が低下したと考えられる時点で、カリスマ的正当性をもってドイツ政治権力を基礎づけようとした彼の構想は、しかし、大衆の中にある非合理的な、情緒的な要因に対して明確な免疫をもっていたであろうか。民主主義をあまりに機能的観点からしかとらえず、大衆の指導

ヒトラー(左)とヒンデンブルク

者欲求と暴力的デマゴーグとによる粗暴な支配形態の登場に対して抑止力をもちえなかったのではないか。指導者の、したがってまたカリスマの「質」を問いえぬ発想ではないか——ナチズムを体験した第二次大戦後のドイツでは、ヴェーバーもあずかって力のあったワイマール憲法下でヒトラーが権力を奪取した歴史の反省から、ヴェーバーの「指導者民主主義」論に対する批判が出された。この政治学上の大問題をここで論ずることはできない。ただ、理論的にではなしに、時論として一言しておけば、「国家形態」論文で「……大統領の国民選挙を行うとしても、われわれの長期にわたる内的無力の結果として、大衆に影響力のある卓越した政治指導者がいない」と書いたヴェーバーが、そのわずかのちに国民選出の大統領制に賭けているのである。政治的に成熟したとは思われない国民に、成熟を前提とした制度を掲げざるをえなかったヴェーバーという人物の苦悩を、われわれはここにみるのである。

混乱の中での講演

『政治論集』の末尾に収められている「職業《ベルーフ》としての政治」は、ヴェーバーが、ミュンヘンの「自由学生同盟」の求めに応じて一九一九年一月二八日に行った講演をまとめたものである。

前年一一月に成立したバイエルンの独立社会民主党のアイスナー革命政府は、一月一二日の選挙で一八〇議席中三議席しか取れず、窮地に追いこまれていたが、混乱の中で青年たちの間には革命の興奮と実践へのエネルギーがみなぎっていた。講演の聴衆も、革命の熱狂へと心身ともに没入させ、そこになんらかの展望を見出そうとする若い人びとだった。彼らは、当然ながらヴェーバーに実践の指針を期待し、教養ある者がいかなる政治的態度をとるべきかについての話を聞けるものと思ったであろう。

彼はこう切りだした。「諸君の希望でこの講演をすることになったが、私の話はいろんな意味で、きっと諸君をがっかりさせるだろうと思う。」彼の話は、政治・国家・支配の正当性といった基本的な概念規定に始まり、政治指導者・行政装置・政党機構の分析、その英米独の簡単な比較へと展開する。さながら政治社会学の講義である。その中で彼は、近代国家の特質を描いている。行政官僚制の確立、大衆民主主義状況に対応した政党組織（マシーン）の成立、そして人民投票的民主制。こうした分析の上に彼は近代国家のあり方についてこう述べた。「……ぎりぎりのところ道は二つしかない。『マシーン』を伴う指導者民主制を選ぶか、それとも指導者なき民主制、つまり天職を欠き、指導者の本質をなす内的・カリスマ的資質を持たぬ『職業政治家』の支配を選ぶかである。」国会は選挙が終わり、開催を目前に控えている。前者が望ましいにもかかわらずドイツはいま後者の途をとろうとしている、とみるヴェーバーは、ここでももちろん国民投票による大統領制のメリットに言及することを忘れない。

政治家の資質

このあと話は、政治を職業とする者＝政治家に求められる資質、そして本質的に権力にかかわらざるをえぬ政治と人間生活全体との関係といった問題に入り、調子も熱っぽくなってくる。

「一体どんな資質があれば、彼はこの権力にふさわしい人間に、また権力が自分に課する責任に耐えうる人間になれるのか。ここにいたってわれわれは倫理的問題の領域に足を踏み入れることになる。どんな人間であれば歴史の歯車に手を掛ける資格があるのかという問題は、たしかに倫理的問題の領域に属している。」彼は、情熱、責任感、判断力の三つをあげる。「情熱とは、事柄に即するという意味での情熱、つまり『事柄《ザッヘ》』への情熱的献身、その事柄を司っている神ないしデーモンへの情熱的献身のことである。」「情熱は、それが『仕事《ザッヘ》』への奉仕として、責任性と結びつき、この仕事に対する責任性が行為の決定的な規準となった時に、はじめて政治家をつくり出す。そしてそのためには判断力――これは政治家の決定的な心理的資質である――が必要である。すなわち精神を集中して冷静さを失わず、現実をあるがままに受けとめる能力、つまり事物と人間に対して距離を置いて見ることが必要である。」政治家は自ら信ずるところをめざしてこの資質を稼動させねばならない。

二つの倫理

では政治と倫理の関係はどうか。「政治が権力——その背後には暴力が控えている——というきわめて特殊な手段を用いて運営されるという事実は、政治に対する倫理的要求にとって、本当にどうでもよいことだろうか。」暴力の対極に位置する「山上の垂訓」の倫理——汝のもう一つの頬も向けよ！——は、理由を問わぬ、無条件の要求であって、聖人でもないかぎり屈辱の倫理である。が、「これを貫き得たときこの倫理は意味あるものとなり、〈屈辱ではなく〉品位の表現となる。そうでないときは、逆である。なぜなら、無差別的な愛の倫理を貫いていけば『悪しき者にも力もて抵抗《てむか》うな』となるが、政治家にはこれと逆に、悪しき者には力もて抵抗《てむか》え、しからずんば汝は悪の支配の責めを負うにいたらん、という命題が妥当するからである。」福音の絶対倫理は、政治の世界では妥当しない。政治家には別な倫理がある。つまり「倫理的に方向づけられたすべての行為は、根本的に異なった二つの調停しがたく対立した準則の下に立ちうるということ、すなわち『心情倫理的』に方向づけられている場合と、『責任倫理的』に方向づけられている場合があるということである。心情倫理は無責任で、責任倫理は心情を欠くという意味ではない。……しかし人が心情倫理の準則の下で行為する——宗教的に言えば『キリスト者は正しきをおこない、結果を神に委ねる』——か、それとも、人は（予見しうる）結果の責任を負うべきだとする責任倫理の準則に従って行為するかは、底知れぬほどの深い対立である。」

心情倫理とは、すべての行為を自己の心情（信念）に忠実であるか否かと問うものである。「心情倫理家は、純粋な心情の炎、たとえば社会秩序の不正に対する抗議の炎を絶やさないようにすることにだけ『責任』を感じる。心情の炎を絶えず新しく燃え上がらせること、これが彼の行為——起こりうる結果から判断すればまったく不合理な行為——の目的である。」ここから次のような問題が生ずる。「人民の平和を得るために、圧政者を殺せ！」殺人という暴力的手段が平和という倫理的目的の名のもとに正当化されるであろうか。あるいは、「善い手段によってのみ善い目的が達成される」のではない、という現実がつきつける問題である。ヴェーバーは、二つの倫理を論理的極限において切り離す。「心情倫理と責任倫理を妥協させることは不可能である。またかりにわれわれが、目的は手段を神聖化するという原理一般をなんらかの形で認めたとしても、具体的にどのような目的がどのような手段を神聖化できるか、を倫理的に決定することは不可能である。」政治家は、このレベルでは責任倫理家であらねばならない。信仰あつき者からみれば、魂の救済を危うくするような手段すら、政治家は用いるであろう。いや政治家にとどまらず、およそ非合理な現世での生活には、さきの現実の問題がつきつけられてきたのであり、このことが諸宗教の神義論（全能で義なる神がなぜかくも苦難と非合理に満ちた現世を創られたのか）を展開させてきたのである。「……善からは善のみが、悪からは悪のみが生まれるというのは、人間の行為にとって決して真実ではなく、しばしばその逆が真実であること。これらのことは古代のキリスト教徒でも非常によく知っていた。これが見抜けないような人間は、政治のイロハもわきまえない未熟児である。」だから見方を変えれば、「自分の魂の救済……を願う者は、これを政治という方法によっては求めはしない。」そしてこのことは、じつは政治も人間生活の一つの領域にすぎぬこと、宗教からみても一つの相対的な価値しかもたず、政治が唯一の絶対的自己目的の世界ではないこと、を示唆している。

政治へのベルーフ

そのうえでヴェーバーは、さきの二つの対立した倫理の結びつきを説くのであった。うるわしい純粋な信念の人が、悪魔の力と関係をもつことを避ければ、現実世界で何をなしえようか。だがしかし、全能ではありえぬ責任倫理家が、全能力をかたむけた配慮と手段行使の結果、望ましい事態を実現しえないことも当然ある。ここに至って彼の責任倫理は、語の正しい意味での責任のとり方、その倫理性において、心情倫理に重なってくる。目的実現に対して合理的に営まれた行為が、その極限においては、結果如何にかかわらず「私の判断ではこうする他はなかった」という行為として、まさしく心情倫理的に評価を受けざるをえぬ地平が現出するのである。ヴェーバーは宗教改革者ルターの言葉を用いてこれを語った。「……結果に対するこの責任を痛切に感じ、責任倫理に従って行動する、成熟した人間がある地点まで来て、『私としてはこうするよりほかない。私はここに踏み止まる』と言うなら、測り知れない感動をうける。こ

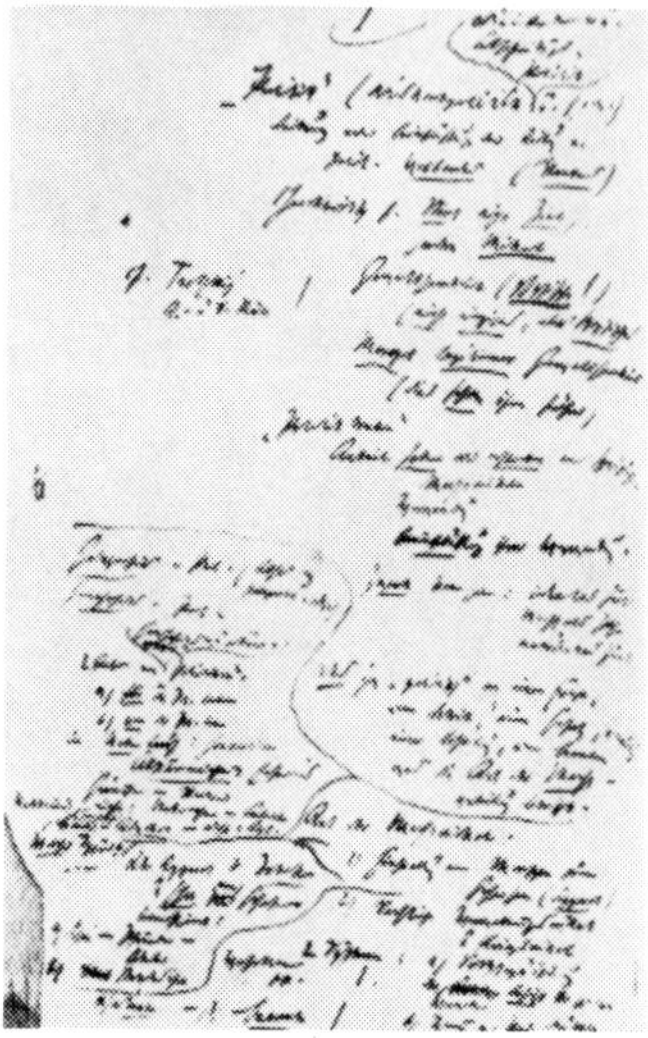

「職業としての政治」の草稿

れは人間的に純粋で魂をゆり動かす情景である。なぜなら精神的に死んでいないかぎり、われわれ誰しも、いつかはこういう状態に立ちいたることがありうるからである。そのかぎりにおいて心情倫理と責任倫理は絶対的な対立ではなく、むしろ両々相俟《ま》って『政治への天職《ベルーフ》』をもちうる真の人間をつくりだすのである。」

ヴェーバーは、若者たちを支配している革命の熱狂や心情倫理的行動欲求に、まずは冷水をかけ、敗戦国ドイツのきびしい未来を予測する。しかしその中でも生きてゆかねばならぬ同胞として、彼らのための講演を次の言葉で締めくくった。「政治とは、情熱と判断力の二つを駆使しながら、堅い板に力をこめてじわっじわっと穴をくり貫《ぬ》いていく作業である。もしこの世の中で不可能事を目指して粘り強くアタックしないようでは、およそ可能なことの達成も覚束《おぼつか》ないというのは、まったく正しく、あらゆる歴史上の経験がこれを証明している。……指導者や英雄でない場合でも、人はどんな希望の挫折にもめげない堅い意志でいますぐ武装する必要がある。そうでないと、いま、可能なことの貫徹もできないであろう。自分が世間に対して捧げようとするものに比べて、現実の世の中が——自分の立場からみて——どんな愚かであり卑俗であつても、断じて挫けない人間。どんな事態に直面しても『それにもかかわらず！』と言い切る自信のある人間。そういう人間だけが政治への『天職《ベルーフ》』をもつ。」

残されたヴェーバーのメモでは、責任倫理は初め権力倫理と記されている。この書きかえによって責任倫理は、講演の主題を超えて、政治のみならず、学問の、いやおよそすべての人間の実践における主体性の倫理ともいうべきものとなっている（次章の最終節をも参照のこと）。

ヴェーバーの学問的遺産

ヴェーバー死後六十余年、彼の生きた時代は歴史学の対象となっている。『政治論集』はまさに「日々の要求」に答えるべく書かれた論稿の集まりである。その意味では一流の「史料」である。と同時に、ドイツの特殊性――ヴェーバーが克服すべく対決した政治的未成熟――は奇妙な形で普遍性＝「古典」を生んだ。彼が感じ、予知した問題がまさしく現代であったということは別にして、「プラグマティクな思考の伝統のないところでプラグマティクなものの考え方を定着させるためには、思いきり極端なことを言わなければならないというパラドクス」（脇圭平『知識人と政治』、岩波新書）を了解していたヴェーバーの発言では、具体的問題が極限的な姿で描かれるため、理論的な問題の所在が見事に表現されることとなったのである。

最後に卑近な例を一つ。以前、ロッキード汚職にかんして、田中首相（当時）の資産公開をめぐる参議院大蔵委員会の議論において、「守秘義務」＝官僚の知識独占と議会調査権のしのぎあいがみられた。大平蔵相（当時）は、「国勢調査権の尊重は当然であり、答弁内容や資料提出はケース-バイ-ケースで判断したい」と述べた翌日、「国税庁が守秘義務についてかたくなな態度をとるのは、誰の所得についても同じだ」と言った（昭和四九年一一月）。議会は弱かったのである。田英夫氏が「活動する委員会」を公約に参院選にデビューしたことを御記憶の方もあろう。強力な議会についてのヴェーバーの発言ひとつみても、いまの日本の問題であり、議会制をとる国一般の問題たりうるのである。

三月革命期の自由主義者《リベラーレン》対民主主義者《デモクラーテン》の対抗が前者の勝利に帰して以来、ドイツでは自由主義が一つの価値理念を体現する語として社会的指導層のうちに共有された。いわく国民自由《ナシヨナルーリベラル》党、自由主義的法治国家。自由主義は一つのドイツ的伝統として意識されてきたのである。

その担い手は「市民」とされた。いささか粗い議論になるが、それは、「財産と教養」を備えた市民の個人主義的な「精神的自由」を核にもった、ドイツの一九世紀的理念であった。そうして、工業化の進展とともに大衆民主主義化の波がおしよせたとき、ドイツの権威的国家体制の中で民主主義実現の運動を先頭で担ったのは社会主義政党たる社会民主党であった。社会主義の旗のもとに民主化を追求したのである。したがって、民主主義的な制度・枠組が成ったワイマール共和国の時代には、社会民主党は民主化を自己の運動の起動力とはもはやなしえなかった。他面、社会のエリート、有産層と教養層は大衆民主主義的状況を嫌悪しつつ、自由主義の理念にしがみついた。つまり、デマゴギーの下での民主主義ではなく、政治教育をうけた国民の担う議会制民主主義――ヴェーバーの望んだもの――は、結局ドイツにおいては一つの伝統となりきっていなかった。ワイマール憲法の理念を担うべき国民大衆は、アパシーともいうべき政治的精神状態におかれ、戦後の混乱期をのりきる間もなく世界経済恐慌の猛威にさらされた。ナチス政権前夜である。

ヴェーバーの著作は、ドイツ帝国社会のすぐれた歴史的理論的分析であるにとどまらず、いわゆる思想史からの「ナチズム」へのアプローチを考えるときにも、多くの示唆を含むものとして、現在も読みつづけられている。

III　ヴェーバーの社会科学方法論

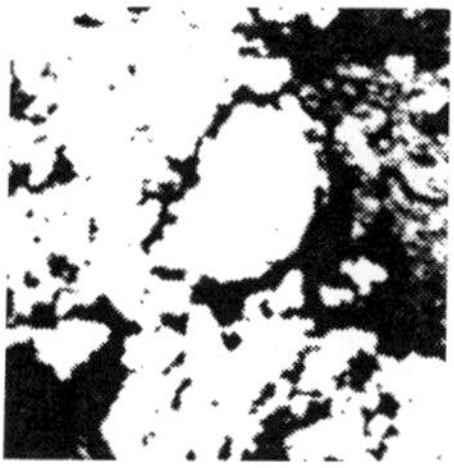

本章は、マックス＝ヴェーバーの『学問論集』（ないし『科学論集』、以下、科学・学問 Wissenschaft は文脈に応じて使い分けられる。Gesammelte Aufsätze zur Wissenschaftslehre, 1922）の主要論文を対象にして、社会科学的認識がいかなる前提をもち、いかなる方法で追求され、その認識は何の役に立つかなどといった問題についてのヴェーバーの思想を明らかにしようとするものである。

現在『学問論集』に収められている諸論文は、体系的な「学問論」の意図をもって書かれたものではなかった。それらは様々な機会に異なった動機で——あるいは専門雑誌の綱領作成をきっかけに（「客観性」論文）、あるいは論文集への寄稿を求められて（「ロッシャーとクニース」）、あるいは学会での報告を基にして（「価値自由」論文）、あるいは講演を基に（「職業としての学問」）書かれ、彼の死後未亡人の手で「学問論集」の題のもとに一巻にまとめられたのである。

元来ヴェーバーは自分を学問論・方法論の専門家と考えていたわけではなく、また方法論的考察が学問を直接に発展させると考えていたわけではなかった。方法論のような純論理的考察が具体的な研究の内容を発展させるのではない。学問は、実際的な問題の提出と解決によってのみ押し進められるのであって、方法論は「実際研究で真なることが確認された方法の自覚にすぎない」（「批判的研究」）。

しかし「ある素材を叙述の対象となす際の〝観点〟が極度に混乱し、その結果従来の（科学的）〝作業〟を動かしてきた論理的諸形式にも、新しい〝観点〟によって、一つの修正を加えようという考え方が現れ、そのため〔研究者の中に〕自分の研究の〝本質〟についての疑問が生じてきたりするような場合」（「批判的研究」）というものがあり、この時、論理的考察が、具体的認識の展開にとって不可欠の作業となる——ちょうど病人にその特定の病状の診断書と処方箋が必要になるのと同じである。

こうしてヴェーバーは、他ならぬ経験科学者として、自己の実際的研究に必要な限りで、その方法論的な診断書・処方箋を書かねばならなかったのである。

以上の結果、『学問論集』には特定の方法論問題を論じた個別論文が並列される、ということになった。

以上の事実を前提にして、しかし次の点を指摘することができる。つまり、それらの論文の中に体系的な思考が全くなされていないかといえば、もちろんそうとは言えず、少なくともある種の体系を背後にして書かれていると考えられる議論を数多く見出すことができるし、論文の相互参照を求めている記述もある。また、ヴェーバーの意図とは別にわれわれの関心に従ってそこからある（一面的な）秩序を取り出すということも許されるだろう。

かくして本章では次の角度から『学問論集』の主要論文を取り扱いたいと思う。

社会科学的認識の営みは、論理的に対立する二つの面をもつ。事実判断と価値判断の両者の結合と分離である。言いかえると、「客観的な」社会科学的認識は「主観的な」価値判断を一切追放すれば成立するというものではなく、研究対象としても、研究主体においても、価値判断は社会科学的認識と深くつながっている。

ヴェーバーの『学問論集』が教えることの一つは、社会科学の営みにおいては右のごとき「客観的」要素と「主観的」要素のいずれか一方が優越しているということではなく、相互に補い合っているということであるように思われる。

以下では、認識の前提として価値領域がいかなる意味をもつか（第一節）、にもかかわらず、認識の客観性はいかに保証されるか（第二節）、この保証を支えるべく科学者に要求される精神はいかなるものか（第三節）、客観的な認識は価値の領域に対して、いかなる効用をもつか（第四節）といった、一連の相互に関連する問題をヴェーバーがどう考えていたか、という角度に限定して、『学問論集』を説明していきたい。

現在『学問論集』に収められている論文のうち、本章で引用する主要な論文を発表年代順に並べると次のようになる。

一九〇三（～六）「ロッシャーとクニース、及び歴史学派経済学の論理的諸問題」（本稿では「ロッシャーとクニース」と略記）

一九〇四　「社会科学的および社会政策的認識の〝客観性〟」（「客観性」論文と略記）

一九〇六　「文化科学の論理学の領域における批判的研究」（「批判的研究」と略記）

一九一七　「社会学・経済学における〝価値自由〟の意味」（「価値自由」論文と略記）
一九一九　「職業としての学問」

本章ではさらに、第四節で、『政治論集』に収められている「職業としての政治」（一九一九）をも引用することになる。

最後に叙述の方法について付言しておく。前述のごときヴェーバーの「学問論」の「体系的」整序という目的に対応して、本章は、諸論文を年代順に説明するというやり方をとらず、各部分に適合する文章を年代を無視して自由に選んで提示しながら説明するという方法をとる。ヴェーバーの論文及びヴェーバー研究書からの引用は、既訳のものを基にして、自由に書きかえたものも多い。いちいち明記しなかったが、訳者の方々の寛容をお願いする。またヴェーバーの文章に煩瑣《はんさ》にみられる「　」や傍点なども省いたものが多い。

社会科学の前提――認識を生み出す価値

ヴェーバーによれば、学問的な営みは、無前提になされるものではない。それは価値判断・世界観的な前提に立脚しており、それによって初めて可能となり意味を与えられる活動なのである。価値判断に左右されない普遍的に妥当する認識は、他ならぬ一定の価値判断（態度決定）という、科学的にその「正しさ」の証明できぬ主観的要素にその原初的な根拠をもっているのである。

認識の三つの前提

その前提とは次の三つである。

「科学が㈠論理的または即事象的に評価して正しいという意味で価値ある成果を得ようとすること、㈡科学的関心の意味で重要なという意味で価値ある成果を得ようとすること、㈢材料の選択だけでもすでに価値評価を含んでいること」（「価値自由」論文）。

これは次のようにまとめられるだろう。

㈠　論理学・方法論の規則が妥当するという前提

㈡　「知ること」それ自体に意味がある、科学的真理それ自体に価値がある、という前提

㈢　何が知るに値するかの選択に際しての価値判断（価値理念）の介入という前提

以上三つの前提のうち、㈠と㈡は自然科学にも共通にあてはまる前提、㈢は社会科学のみに固有の前提である。

以下これらを説明するが、㈠の論理学・方法論の規則という前提は第二節の「因果帰属の方法」にあてはまることになるので、本節では㈡・㈢をまず説明する。

事実は「知る価値がある」

科学的真理それ自体に価値がある、という前提について「職業としての学問」では、次のように説明されている。

自然科学の営みは、自然事象の諸法則は「知る価値がある」という前提に立脚している。もちろん、その法則を知ることによって、そこから技術的に有効な認識が得られるという実践的な理由はあるが、それだけではなく、自然事象は何よりも「それ自身のために」知る価値がある、知ることそれ自体に意味があるという前提なのである。また右の技術的有効性の側面についても、自然科学的な知識をもとにして人間の生命を維持したり、苦痛をやわらげたりすることに常に意味があるか否かということは、医学それ自体は答えることができない（たとえば「安楽死」の問題）。最初からそれに「意味がある」ことを前提にして営まれているのである。

また文化（社会）科学は、政治的・芸術的・社会的などの諸現象を、その成立の諸条件から――つまり因果的に――理解しようとするものだが、しかし、そもそもこれらの文化現象に存在する価値があり、それを知ることに意味があるか否かということを、文化科学それ自体は答えることができない。それに「意味がある」ということを前提した上で認識が追求されているわけである。

さて、このように科学的認識一般の価値を認めるのが一つの態度であるということは、言いかえると、別の価値にもとづく別の態度の選択も可能であるということである。たとえば政治的価値であり、芸術的価値であり、倫理的価値であり、宗教的価値である。ヴェーバーは、これらの価値の相互対立を「神々の争い」とよび次のように書いている。

「何かが神聖であるとすれば、その理由は、それが美しくないけれども、というだけではなく、まさにそれが美しくないがゆえに、また美しくない限りで、であるということ……あるものが善きものではないけれども、という理由だけでなく、〔他ならぬ〕善くないということのうちにも美が宿りうるということ……一般によく知られていることだが、美でも神聖でも善でもないが真だ、というばかりか、美や神聖や善を属性としてもたぬがゆえに真だ、ということがありうる」(「職業としての学問」)。

例えば、生きた人間を使っての何らかの医学実験は、科学的真理の価値を前提とすれば、科学の前進に仕える行為と解されうる。しかし、それは倫理的価値を前提とすればもちろん否定されるべきものである。それでも、医者はある場合には前者の価値に仕えるだろう。そうすることが「正しい」からではなく、彼が主観的にその価値を「選ぶ」からである。

付け加えておきたいが、ここから科学者は、他の価値を知らず、ひたすら科学的認識の価値を前提に科学の前進に仕える人間だ、という結論をひき出すことはあやまりであろう。なぜなら科学者もひとりの人間であり、人間は諸価値の調和・秩序づけによって定義さるべきものだからである。自分にとって科学的認識の価値、倫理的価値、芸術的価値、政治的価値などはどのような意味をもっているか、それらはどのように自分の中で秩序づけられうるかということを前提にして（人格）、次に、自分にとって科学的認識が最上位にあることを決定することによって、科学を職業 Beruf とする人間（科学者）が生まれる、と考えるべきだと思われる。

価値理念

ヴェーバー（一般に新カント派）の認識論の特徴は、認識する人間と認識される対象との厳密な分離である。

彼によれば（「客観性」論文）、現実が、直接にわれわれの前に現れるあり方を考えてみると、それは個別的事実の意味なく限りない多様性である（たとえばこの原稿を書いている「今」の私の内部では無数の心的・生理的事実が生成・消滅し、外部でもこれまた無数の自然的・社会的事実が発生・消滅している）。

この無限性は、単一の事実を切り取って、その全ての部分をもれなく叙述すること、そしてまたその原因をなしているものの全てを把握すること、を全く不可能とするものである。人間には、このような混沌たる現実をありのままに模写する能力は与えられていない。

したがって人間の認識は、この無限の現実の「一部分」のみを対象とする他ないのであり、それのみが「知るに値する」ものとなる。ではその部分はいかなる基準で選び出されるのか。

この基準として、法則的に繰り返される事実と、一回的個性的な事実とが考えられるが、文化科学においては、後者が主たる対象となる。なぜなら文化科学の関心の出発点にあるのは、われわれが生きておりかつわれわれを取り巻いている、社会的・歴史的現実の個性、他の時と所に共通しない独自性の認識だからである（「我々は、我々を取り囲み、我々がその中に置かれている生の現実を、その特性において理解しようと思う――すなわち一面では、生活の現実の中の二、三の現象の関係と文化意義とをその現在ある形において理解しようとし、他面では、その現象が、歴史的にみて、現在みられるような姿になって、それ以外の姿にはならなかったということの根拠を、理解したいと思う」（『客観性』論文））。

たとえば「日本人の特性とは何か」というごとき社会的・歴史的な自己認識が文化科学の目的であり、したがって当然、一回的個性的なものが主たる対象となる。そして法則的に繰り返すものは自然科学の主たる対象となる（後述）と、ヴェーバーは考えるのである。しかし対象の「個性」の全体はこれまた無限にあり、ありのままを模写することは不可能である（たとえば私が任意の他人と違う点は無数にある）。したがって真にわれわれの関心をひく個性、「知るに値する」個性がさらに選び出されねばならぬ。そしてこれこそヴェーバーが「価値理念」とよぶものの機能なのである。価値理念によって生じる関心に色づけられた個性的な現実こそ、われわれの認識の対象となるのである（なぜ価値理念が他ならぬ個性的事実と結びつくかという点については「価値解釈」の項を参照）。

ヴェーバーはこのように価値理念によって与えられた意味を「文化意義」とよび、この意味を与えられた対象を「文化」とよび（「〝文化〟とは、世界のできごとの、意味と無関係な無限の内容の中からとりあげられた有限な一片であって、人間の立場からそこに意味と意義とがやどっている、と考えられたものである」（『「客観性」論文』）、それを対象とする科学を「文化科学」とよび、その認識作業を行う人間を「文化人」とよぶ（「すべて文化科学の先験的な前提とは……我々が意識して世界に態度をとり、……世界にある意味を与えようとする能力と意志とにめぐまれた文化人であるということなのである」（『同上』）。

価値理念の評価性

この価値理念は究極的には価値評価である。自己をとりまく現実に対する肯定・否定の価値評価こそが認識関心を生みだす。この意味で、文化科学の認識活動の根源にあって、それを促すものは学問外的な価値評価という要素なのである。

「文化諸科学の領域において、思考によって（現実を）整序する活動の方向については、実践的な関心のいだく最高の〝価値〟が常に決定的に重要である」（「客観性」論文）。

通常、認識活動は研究主体の価値評価――低次の利害関心から高度な理想まで――と切り離されて行われると考えられがちであるが、ヴェーバーによればそれは完全な誤解なのである。現実に対して肯定も否定もなく「中立的」に見るという態度は少なくとも認識を生み出すものではない。文化科学者は「客観的」認識の獲得という職務の遂行に際して価値判断という「主観的」局面を通過しなければならないのである（ヴェーバーがたとえば「客観性」論文でこのことを強調したのは、当時、学者たるものは自らの理念・価値評価を没して《没価値性》、あるがままに現実を見なければならず、またそれが可能であるという思想がひろがっていたためである。これは今の日本のアカデミズムにもある程度言えることであろう）。

『宗教社会学論集』第一巻の扉

ヴェーバーの価値理念

ここでヴェーバー自身の価値理念に簡単にふれておく。彼の生涯を貫通する、ないしそこで収斂《しゅうれん》するに至った価値関心を総括したものとしては『宗教社会学論集』第一巻の「序言」が有名である。

「普遍的な意味と普遍的な妥当性をもった発展過程を辿《たど》るような文化現象は、ほかならぬ西欧社会に、しかも西欧社会のみに起こったことである、と少なくとも我々は考えるのだが、これはいったいどのような事情が重なったためにそう生じたことなのであろうか」に始まるその文章は、西欧に固有のこの文化現象をスケッチしつつ、「西欧合理主義の、また西欧内部においては近代西欧の合理主義の独自な特性を認識し、その成立史を解明すること」がこの『宗教社会学論集』の課題であることを明らかにしている。

ではなぜヴェーバーはわれわれを取りかこむ現実を「合理化」という意味から考察したのであろうか。西洋近代に独自な合理化という側面からの事実の認識を生み出した彼の根源的な価値理念はどういうものであったか。

この問題をマルクスと比較しつつ見事に説明したレヴィットによると(『ヴェーバーとマルクス』)、ヴェーバーがこの合理化を評価する場合の基準となっているのは、自律し責任を負いうる個人の自由、合理化によって生み出された生活の制度・秩序の優位性に対抗する人間の自由である。そして合理化のもつ最大の問題性とは、そこから生み出されたものが、このような人間の手段たる位置を超えて自己目的化されるに至るという非合理性を生み出したことにある。

たとえば金もうけはそれが生活の手段である限り合理的であるといえようが、「金もうけのための金もうけ――《すなわち純粋に自己目的としての金もうけ》――となると、それは特殊な意味で非合理的である」。そしてこのような合理化は、近代西欧の生活原理一般のもつ根本的性格である。単に個々の領域の現象にとどまるものではなく、生活態度、生活原理の全体におよぶものである――精神から機構まで――。その結果「〝隷従〟の〝鉄のように堅い殻〟がつくられ、人間が《道具化》してしまう」。価値にみちた目的に対する手段であったはずのものが自立化して、本来もっていた意味を失うに至る。人間が生み出したものが人間を支配する。合理化の結果非合理的な生活態度が生み出されることが問題なのである。

このような判断の奥にはいうまでもなく、人間の全ての制度の根本的な目的は、それ自体ではなく、人間である、人間の自律性こそ究極的なものであり、一切はそれに仕える手段であるという思想がある。これこそがヴェーバーの価値理念なのであった。

ヴェーバーの合理化に対する評価はこれにつきるものではない。というのも右のような否定的評価と共に、彼において合理化は人間の自由を可能にする客観的な条件をつくり上げたという面ももっているからである。これについては後述する（一七八ページ参照）。

価値理念の主観性

この価値理念が、原理上科学的な「正しさ」の証明不可能な、個人によって内容を異にする主観的なものであることは明らかである。価値理念というものは、経験的に確認することができ、また自ら経験することができるものではあるが、決して現実から普遍妥当性をもつものとして科学的に基礎づけることのできないものである。

実はこの点でヴェーバーと方法論の面で彼に一定の影響を与えたハインリヒ＝リッカートとは異なっている。リッカートにおいては価値理念と現実との関係づけがそのまま歴史学の客観性を基礎づけるものとなっている。彼にとって価値理念は個人的で主観的なものではなく、社会によって措《そ》定《てい》される客観的な価値なのである。彼によればある社会には一つの価値体系が客観的に存在する。したがってその社会の中ではある対象を扱うことについて全ての人が等しくその意義を認めることになる。ヴェーバーはそのような普遍的な価値体系に基礎づけられた歴史学の客観性を認めなかった。リッカートが現実をいわば社会の価値理念と関係づけるのに対して、ヴェーバーはあくまでも私の価値理念と関係づけるのである。「ある家族の年代記に対する歴史的な関心と、一国民ないし人類に対して、長期間共通であったし、また今もあるような、考えられる限り大きな文化現象の発展に対する興味との間には、その意味について無限に多い段階があるのであって、その段階を構成する多くの踏み段には、我々一人びとりに対して、違った並び方のものがあるだろう」(「客観性」論文)。

この価値理念の主観性からヴェーバーとマルクスが同じ現実(資本主義経済)を対象に選びながら、それに対する態度決定を異にしている事実を説明することができるだろう。

リッカート

前出のカール＝レヴィットの『ヴェーバーとマルクス』によると、ヴェーバーとマルクスは共に「近代の経済及び社会全体の資本主義的体制」を問題とした。しかしそれは「市民的資本主義的経済を手掛り」とした「市民社会における今日の人間の批判的分析」なのであり、彼らの分析の基底には、それぞれ「人間についての一定の見解」と「人間についての批判的理念」（つまり価値理念）があり、そしてそれが異なったものなのである。

ヴェーバーが問題とした、合理化の結果非合理的なものが生ずるという事態はマルクスも問題としたものであった。というのは、右のごとき転倒事態は、経済的な表現をすれば、物が人間を支配し、生産物が生産者を支配するという普遍的転倒の経済的形態を意味しており、かくして「それの直接に人間的な表現は人間そのものの即事化と専門化であり、即事的な活動を通して人間的に分割された〈特殊の〉専門人である。ヴェーバーもまた……かかる専門人を合理化された時代の人間類型と考え」ている。そしてヴェーバー同様マルクスも「人間の全ての施設の本源的な目的」は「この施設ではなくて人間そのものだけ」であって「他の全てのものは……手段である」という前提に立っていた。この点では両者が共通している。

しかし、マルクスがそれを「原理的に止揚」しようとして資本主義社会を「人間の《自己疎外》という否定的観点」から解釈したのに対し、ヴェーバーは「合理化」を「肯定しかつ否定する」。なぜなら彼は合理化過程の中に前述のごとき否定的なものと同時に肯定的なもの、つまり「究極的価値……によって定められた目的を、それに対する適当な手段の自由な考慮において追及する自由」を見たからである。この場合「合理性は行為の自由と合致する」、「自由人として行為するということは、合目的的に、すなわち与えられた手段をかかげられた目的に合理的に適合させ、その限りにおいて……《首尾一貫して》行為すること」なのである。

現実に対するマルクスのはっきりとした否定的態度決定に比べてヴェーバーは「合理化」という「中立的であり、どうとでも評価しうる」観点から解釈した。

その結果、一般に生活関係の合理的組織化の進展が非合理的専制を生み出すという事態について「マルクスの理論的・実践的な仕事の全体はこの普遍的事実の説明と克服をめぐって展開され、ヴェーバーのそれはこの事実の理解をめぐって展開され」るということになった。「マルクスが《治療法》を与えているのに対して、ヴェーバーは一個の《診断》を下した」——これがレヴィットの説明である。

もちろんこの価値理念が主観的なものであるとはいっても、単に個人的・趣味的なもので他人と共通することの少ないものよりも、研究主体の属している社会状況やより広い世界状況の洞察とつながっているものであればあるほど、普遍的——多くの人びとに共有されうる、というほどの意味——意義をもつといえるだろう。「科学的な天才が研究対象にかかわらせる価値は、ひとつの時代全体の観方を規定するであろう。すなわち、現象について〝価値がある〟と認められるものに対してばかりか、……意義ぶかいとか無意義だとか、重要だとか重要でないとかいわれるものに対しても、決定的な意味をもつことができるだろう」(「客観性」論文)。

この意味で、個人的関心から出発して——出発点はそこにしかありえないだろう——他の人びとにも共通するところの「時代の」問題に取り組むに至ること——これが研究者の課題であり、また野心でもあるはずである。

価値理念の歴史的変化

この価値理念は当然、社会・文化状況の変化に伴って歴史的に変遷してゆくだろう。各時代は固有の価値観をもち、それが変化するにつれて当然、文化科学において何を研究の課題とするかが変化してゆく。

たとえばある時期の研究者が、特定の対象についてその全てを認識したかのごとくみえることがあるとしても、次代の研究者は別の価値理念をもってその同じ対象を違った角度から、あるいは全く別の対象を、扱うことになるだろう。このような意味で文化科学は「完結」というものを知らぬ、その意味で常に「若い」学問なのである。より具体的にいうと、

「文化科学の研究は……我々が現実をとらえようと努力する際に用いる概念をたえず変えるという過程である。……社会生活についての科学の歴史は、概念構成によって事実を思考によって整序する試みと……変化した基礎にもとづいて概念が新たに構成されること、こういう過程のたえざる交代である」（「客観性」論文）。

価値解釈の方法

ここまで、認識を生み出す前提として、価値理念という学問外的要素が必須であることを説明したが、ヴェーバーは「批判的研究」第一部の「価値解釈」論においてより具体的に価値理念による対象の選択・構成について論じているので、以下それを簡単に説明しておく。

そこでヴェーバーはまず、歴史的現実を学問的に考察する際の論理的観点を分析し、その観点の変化に伴ってわれわれが扱う歴史的事実の内容も変化することを「ゲーテの手紙」を例にとりつつ、明らかにしている。

たとえばこの手紙の内容――手紙で言い表されている感情・思想――は、

㈠、直接、歴史的因果関連に組み入れられる。たとえば手紙に表現されているごとき内容の感情が、のちのゲーテの創作に影響を与えた、という場合、この手紙はゲーテの創作の「原因」の一つである。

㈡、ある抽象概念の典型的一例として、たとえばゲーテの人生観や彼の属していた社会層の生活態度を表す一つの例として、つまり「類」の一つとして考察されうる。

こう説明したあとでヴェーバーは、われわれにとって「ゲーテの手紙」がもつ「最高の意義」を説明する。

それは右のような手紙の内容それ自体の「外に」ある意味ではなく、「あるがままの姿で……我々にとって、その固有性において評価の対象」となる。たとえば「彼の感情生活が最も繊細をきわめた時の燃え上がるような情熱と禁欲との結びつき」をわれわれは直接手紙の中に読んでそれを否定したり肯定したりする。

　そしてここで次の二点が重要となる。

　一つは、この「評価」が「対象の固有性、他とは比較しえない独自なもの、唯一のもの」と結びつく（たとえばわれわれが「モーツァルトの音楽を好む」という意味は、他のどの作曲家の曲とも異なるモーツァルトだけがもつ魅力を評価する、という意味である。でなければ「モーツァルトの音楽を好む」とは言えないはずである）。つまり「個性の認識」という文化科学の課題と関係することである。もう一つはこのような対象の独自性を価値評価する結果、「当の対象が我々にとって思索や思惟的な……〃科学的な〃取り扱いの、つまり〃解釈〃の対象となる」ということである。

　そしてこの解釈は二つの「論理的にはっきり区別さるべき」二つの方向からなる。一つはいうまでもなく価値評価であり、もう一つは「価値解釈」である。後者は「我々にゲーテの書簡の〃精神的〃内容を〃理解する〃ことを教える」。「我々があいまいに漠然と、感じているもの」はこの解釈により「その不明確なベールをとられ、はっきりした輪郭をもつ」対象となる。こうして対象の個性をとらえた「歴史的個体」が成立するのである。

　この価値解釈こそ「その本質からして歴史的対象と時間を超越した諸関係から、すなわち対象の価値の重要さから」出発するもの、「諸価値に志向する意義としての意味」を解釈するもの、「対象を、それと価値との諸関係において」とらえるもの――要するに「価値理念」によって対象を選択・構成するものに他ならないのである。

　さて、このようにして対象＝歴史的個体がはっきり設定されたあと、次の作業はこの対象の原因（「その現象が、歴史的にみて現在みられるような姿となって、それ以外の姿にはならなかったということの根拠」）を明らかにすることである。

　この因果認識の欲求はどこからくるのか。この点についてもヴェーバーは「批判的研究」でふれている。

　右のように価値理念を通した価値関係づけによって、現実の混沌の中から「歴史的個体」が選択・構成された後、次にこの歴史的個体について、その原因を明らかにする作業が行われねばならない。なぜか。それは右の価値解釈が必然的に要求するものだからである。「価値解釈がその目的を達成し切るためには、このような〝観念的価値対象〟が、歴史的に制約されているということを自覚しなければならないだろうし、またあのゲーテの手紙が書かれた時の一般的諸条件、たとえば社会的環境や全く具体的なその日の出来事が全然知られていなかったり……するならば、彼の考えや感情の無数の陰影や屈折は理解されないままにとどまる。このように〝意味解釈〟が成功するためには、あの手紙の書かれた際の諸条件の歴史的追求というものを必要とする」。

つまり、われわれは自らの価値評価の対象をより正確にとらえ、評価するためにどうしても対象についての因果的知識を必要とするということになる。

社会科学の方法――客観的認識の客体的条件

「因果的に処理されたものだけが」

　前節で明らかになったように、認識の前提をなす価値理念は、評価的で主観的なものであり歴史的に変化するものであった。しかしヴェーバーによれば、にもかかわらず「文化科学的研究は、ある人には妥当するが他の人には妥当しないという意味で〝主観的な〟結果だけしか得られないということにはならない」（「客観性」論文）という。なぜか。それは、社会科学的認識においては「価値理念」という主観的なるものが果たす役割（対象の選択・構成）とそれ以後の対象の認識の過程において遵守《じゅんしゅ》さるべき「思惟の規範」すなわち「論理学と方法論の規則」とが区別されるからである。

　研究の出発点では価値理念が規定的な役割を果たす。だが認識の進行においては研究者はあくまでも普遍的な「思惟の規範」に拘束されねばならぬ。「研究の方法においては指導的な〝観点〟がたしかにその立場で用いられる概念的な補助手段を作り上げる上で決定的となるのではあるけれども、その補助手段の用い方について言えば研究者は、……人間の思考の規範というものに緊縛されることは、言うまでもない」（「客観性」論文）。

この「人間の思考の規範」＝論理学と方法論の規則をもって、検証の可能なように、つまり誰もが同じ結論に達するように、たとえば本節で扱う「因果認識」はなされうるという。「ここで改めて論ずる必要のない特定の意味で〝主観的〟であるのは決して与えられた解明の対象における歴史的諸原因の確証ではない。〝主観的〟なのは歴史的対象の……区画である。なぜなら対象を区画する場合、それを決定するのは価値諸関係である……からである。だからE＝マイヤーが我々は決して歴史的なものについて〝絶対的で無条件に妥当する〟認識に到達することはできないであろうと考えるのも一面ではまちがっている。つまり、それは原因〔の認識〕ということについては当たらない」（「批判的研究」）。

そしてこのように因果認識がなされて「科学」が成立する。因果認識こそ科学的命題の普遍的妥当性を保証するものであり、因果的に処理されたものだけが科学的に処理されたといいうる――これがヴェーバーの考え方であった。

客観的可能性判断

「因果帰属は〔単なる観察によってなされうるものではなく〕一連の抽象をふくむ思考過程の形で行われる。すなわち我々が、出来事の実際の因果的諸要素の中で一つないし若干のものを一定の方向に変わったものと考えてみて、そのあとで、このように経過の条件を変化させた場合、本質的な点において同様の結果が、期待されえたであろうか、それともどのように異なった結果が期待されえたであろうか、と問うのである」（「批判的研究」）。

この文章を前後の文脈に照らして判断すると因果帰属の操作はほぼ次のようになる。

㈠　所与の事実を諸々の構成要素に分解する。

㈡　この構成要素の一つ（ないし若干）を、除外（ないし変形）してみる。

㈢　このように孤立化された要素を「経験の規則」にあてはめてみて、どのような結果が期待されるかを予想してみて、それと実際の経過とを比較する。

㈣　そして、実際の経過と違うだろうと判断された場合、右の要素は因果的意義をもつと判断される。

右の操作を、ヴェーバーはマラトンの戦いにおけるギリシア軍の勝利を例にして説明している。

㈠　ペルシア戦争当時の諸状況の中から、「マラトンの戦い」という要素をとり出す。

㈡　この「マラトンの戦い」にギリシアが敗れたというふうに、事実を変えてみる。

㈢　事実が右のようだったとするなら、どのような結果が生みだされただろうかを「経験の規則」を援用しつつ、想像してみると、マラトンの戦いでギリシア軍が敗れたとすれば、事象は現実と違って、ペルシアがギリシアを政治的にも文化的にも支配し、ギリシア文化の成立はなかったと考えられる。

この判断は次の二種類の知識にもとづいて行われる。

一つは、資料によって証明可能である、諸々の歴史的事実についての知識――たとえば「ペルシアの政治形態と文化、被支配民族に対する統治形式、マラトンの戦い以前のギリシア文化の発展度、地中海地方の勢力分布」（田中真晴「因果性問題を中心とするウェーバー方法論の研究」）など。

もう一つは「経験の規則」――「一般に戦勝国は自国の文化を被征服国に移殖しようとする。この過程は被征服国側に受け入れる素地がある時に容易に進行する。神権主義的国家は自由な世俗文化に対して不寛容であり、自らの宗教を発展させようとする」（金子栄一『マックス・ウェーバー研究』）。

㈣　かくして「マラトンの戦い」は「ギリシア文化」の発展に因果的な意義を有していた、と判断される。

次に、このような客観的可能性判断によって列挙されうる諸々の原因を、その因果的重要度によって区別し秩序づける作業がなされる。

適合的因果連関

次の二つの場合を想定してみる（この二つの例は、田中真晴氏の前掲論文から借用した）。

Ⓐ　馭者が眠って道を誤り、旅人が雷に打たれて死んだ。

Ⓑ　馭者が眠って、馬車が転覆し、旅人が死んだ。

前に説明した客観的可能性判断を用いるならば、Ⓐにおいて、「雷に打たれて死ぬ」という結果の原因の一つは「馭者が眠った」ことにある。しかしこの二つのものの関係は、Ⓑの「馭者の眠り」と「馬車の転覆による死」ほど必然的な関係にあるのでないことは明らかである。「馭者が眠っ」ても必ずしも「雷に打たれて」死ぬ確率が高くなるわけではない。それに比べると「馭者の眠り」によって「馬車が転覆」して死ぬという確率は高くなる。

ヴェーバーはⒶのごとき、原因‐結果の関係として特殊で一般性をもたないものを「偶然的」因果連関とよび、Ⓑのごとき、一般性をもつものを「適合的」因果連関とよぶ。

客観的可能性判断によって、具体的一回的な、その場限りの諸原因が明らかにされたのち、今度はそれらをさらに一般的「経験の規則」に照らして、繰り返す可能性のより高い原因とそうでない原因とをふるいわけることによって諸原因の一般的助勢の相対的程度を査定するわけである。[*1]

さて以上から明らかになるように、この因果関連は決して、原因Aから結果Bが必然的に生じた、という必然性を表現するものではない。そのような必然性判断が可能となるためには結果‐原因の総体が明らかにされていなければならないし（模写）、用いられる「経験の規則」も法則的必然性をもたねばならないことになるが、そのようなことは不可能である。適合的因果連関、客観的可能性判断が真に意味しているのは、現実の全体から選択された原因Aと結果Bとは、われわれの「経験の規則」によれば、原因‐結果として相互につり合っていると考えられるということなのである。（念のために付言すると、この「適合的因果連関」は右のごとき時間的前後関係にあるものの因果関連についてだけではなく、同時的に存在するもの相互連関――たとえば「資本主義」と「資本主義の精神」の関係――にも適用されると考えられる）。

もちろん歴史家が因果帰属を行うばあいに彼の頭の中で実際に右の操作が順を追ってなされるということではない。数字や自然科学についてもいいうることであるが、因果認識もまず「直観的に」仮説が形成される場合が珍しくないであろう。右の操作はその仮説の妥当性が問題とされた場合にそれを「証明」すべく用いられる方法なのである。それに成功して初めてその因果認識は「普遍的に妥当する」ものであることが明らかになるのである。言いかえるなら、このような「論理学・方法論の規則の妥当性」を前提として初めて「普遍的に妥当する」認識が成立するのである。

「資本主義の精神」をめぐって

さてこのようにして確立される因果認識は、決して現実を漫然と観察して「模写」されたものでなく、特定の価値理念からみて重要な「結果」（＝歴史的個体）に対して因果的に本質的に重要なものが選び出されて「構成」されたものである。言いかえると、「歴史的個体」としていかなる要素が選択されて構成されるかによって、当然「原因」となるものも変わってくる。たとえば「資本主義の精神」は価値理念に応じていろいろに定義でき、それに応じて多様な原因が指摘されることができる（「我々の観点にとり本質的なものとして我々に現れてくるもののみが資本主義の〝精神〟という概念の唯一可能な把握でもなければ、またそうである必要もない」「観点を異にするならばここでも別なものが本質的特徴となってくることは、一切の歴史的現象の場合と同様である」(『プロテスタンティズムの倫理と資本主義の精神』)。

ヴェーバーの「プロテスタンティズムの倫理と資本主義の精神」論文をめぐって、発表当時から活発な論争が行われたが、論争における食い違いの最大の原因は、そもそも、論者たちの設定した「資本主義の精神」という歴史的個体の定義の違いにあった。この違いを明確にすることなく、実証的知識をいくらつみ重ねても議論がかみ合わず成果を見ないのは当然であった。

ヴェーバーの批判者たるブレンターノや、またゾンバルトなどは、ヴェーバーの「資本主義の精神」を「資本家的精神」と解釈し「できるだけ多額の利潤を獲得しようとする志向」(ブレンターノ)という意味で定義している。それは衝動としての「営利欲」であり、また資本家の活動のうちにのみ現れる営利衝動として——したがって賃金労働者を省いて——把握されている。しかしヴェーバーの考える「資本主義の精神」というのは、資本家ばかりでなく、賃金に対する労働者層の営利心を含めており、また単なる営利欲ではなく、「倫理的な色彩をもつ生活の原則」、すなわち一つの倫理的義務となるに至った「精神」——決して単なる感性的な欲望ではない——として定義されているものであった。

こうした定義の違い、歴史的個体の作り方の違いが、何を原因

ゾンバルト

とするかという認識においても食い違いが表れることは当然であった。ブレンターノの立場に立てば、まさに人類の歴史とともに古くから普遍的に存在している営利欲が原因として指摘されるだろうし、ヴェーバーの立場では西欧に固有だった禁欲的プロテスタンティズムが指摘されることになる。これは直接にどちらかの因果認識が誤っているということではなく、ヴェーバーの価値理念と観点から見るとブレンターノの扱った因果関連は関心の外にあり、その意味で無意味なものだということなのである。

文化科学の研究の根底にあるのはあくまでも、「物の即物的なあるいは実在的な連関ではなくして、問題の思想上の連関」(「客観性」論文)なのである。[*2]

＊1・2　ヴェーバーはこのような因果帰属の作業を一層確実なものとすべくさらに比較の方法をも用いている(「宗教社会学」)。

あるものが適合的な原因と判断された場合、さらにそれが他の時と所に存在しない、独自な原因であることが明らかになれば、それだけ原因-結果の認識は確実なものとなるだろう(共通原因の除去による「固有な」原因の析出)。

たとえば「プロテスタンティズムの倫理」が「資本主義の精神」の成立にとって重要な因果的意義をもつことが明らかにされた場合、さらに、「資本主義の精神」が成立しなかった所ではプロテスタンティズム的な「世俗内的禁欲」も欠如していたことが明らかになれば「プロテスタンティズムの倫理」

と「資本主義の精神」の因果関連の認識はより一層確実なものと認められることになる。ヴェーバーがたとえばキリスト教以外の「世界宗教」——儒教・ヒンドゥ教・仏教など——の経済倫理を考察した理由の（少なくとも一つは）ここにあるだろう。

文化科学の法則

文化科学の認識の対象は事象の個性、一回的なものであるが、右の説明からも明らかなようにヴェーバーは因果帰属において、事象の規則性についての知識——特に、人間は所与の状況においてどのように行動するのを常とするかについての知識——、広義の「法則論的知識」の必要性をもちろん否定しない。「経験の規則」が確実性の高いものであればあるだけ、因果帰属はその確実性を高めるだろう。

ヴェーバーはこの「規則性」の探究を歴史学と区別された「社会学」に固有の課題と見ている。「社会学は類型概念を構成し、現象の一般的規則を求めるものである。この点……個々の行為、集団、人物の因果的な分析や帰属を追求する歴史学と異なる。……社会学は文化意義ある諸現象の歴史的因果的帰属に役立つことも考えながらその概念を構成し、その規則を求める」（「社会学の基礎概念」）。

そもそも現実の科学的加工には二つの方法がある（「ロッシャーとクニース」）。

一つは「できるだけ無制約的に一般に妥当する概念や法則の体系」を樹立して現実の混沌を秩序

づけようとするものである。それは、知るに値するものを「その現象のもつ類的なもの」(＝くり返すもの)に求める。

もう一つは、「いつも個性的である現実の実在性に絶えず接近してゆく概念」をもって現実を秩序づけようとする。それは、現実を「その質的・特徴的な特殊性と一回性とにおいて」認識しようとするものである。

これを仮に「法則化的方法」、「個性化的方法」とよぶなら、この二つの区別はあくまでも方法的なそれであって、前者が自然科学のみに、後者が文化科学のみに適用されるということではない。対象としての「自然」にも「文化」にもこの二方法は適用可能である。

ただし、すでにふれたように自然科学は「くり返す」対象を、文化科学は「一回的な」対象を扱うために、前者に法則科学的方法が、後者に個性化的方法が主に用いられることになる。

つまり文化科学において法則の樹立は目的ではなく、手段となる。個性的現実の因果連関の認識という目的は、いくら法則論的知識をつみ重ねても達成されないだろうからである。

たとえば世界史における発展の中に法則性・規則性を見出したとしても、それだけでは個別的な発展の個性の認識に達することはできないことはいうまでもない。

「〈歴史〉の課題は〈すべてはすでに存在していた〉こと、そしてすべての、あるいは少なくともほとんどすべての相違は程度の差であること、……を証示することにのみあるのではない。(われわれは」あらゆる平行現象にもかかわらずはっきりあらわれてくる転位に力点をおくであろう。そして二つの発展軌道の一方が他方に対してもっている特性を見出すためにのみ、両者の類似点を利用するであろう」(「古代農業事情」)。

さらに次の点が指摘できる。同じ法則とは言っても社会科学における法則と自然科学における法則とは、性格を異にする。

その一つは、自然法則と社会科学的法則は、決して同じ現実の二つの規則性を表しているものではない。つまり、自然科学は現実との価値関係を離れて事象を分析するものであり、しかるに文化科学は価値理念と関係づけつつ事象をとらえようとするものである、という違いが、そのまま両科学の法則の違いにもあてはまる。文化科学の法則は、自然科学のそれと異なりいわば「価値に関係づけられた事象がもつ法則性」を表現したものであるといえよう。

もう一つは、文化科学の法則は、前述の「経験の法則」の説明から明らかなように、自然科学的な必然性を表すものではない(その必要はない)ということである。それは「いつでも、どこにおいても」成立するものである必要はなく、そのような自然法則に比較して一般性の弱い、いわば日常的性格をもつことが許されている。それは研究者の想像や連想や記憶などにもとづく判断とも連動しうるものである。したがって、ただ一個の反証物で無効となりうるものではなく、ある場合にあてはまらないことがあってもそれだけで無効となるものではない。

人間行為の合理性

右の説明のように自然科学と文化科学に共に「法則化的方法」と「個性化的方法」とが適用可能であるとするならば、二つの科学を決定的に区別するものは何であるか。

それは文化科学の場合、対象が自然科学と異なって人間——もちろんその生理的・物理的側面ではなく、意識をもち一定の目的をもって行為する人間であり、そのため因果認識の中にこの人間の行為の動機の認識が含み込まれるという点なのである。

この点をヴェーバーは「ロッシャーとクニース」で論じている。当時の歴史学派においては、人間は自由意志をもち、その意味で非合理的であり、予測・計算の不可能なものであり、因果律に従う自然現象とは異なる。そしてこの非合理性こそが人間の尊厳を象徴するものだと考えられていた。こうした見解においては当然、こうした人間的現象を対象とする社会科学の因果的認識は自然科学に比べて限られた程度にしか可能でないという帰結に導かれる。

これに対しヴェーバーによれば、「人格」の特徴をなすのは、その動機が恒常的な点であって、決してその行為の予測不可能性＝非合理性にあるのではない。行為の非合理性と、人間の自由とは同一視さるべきではない。なぜなら「行為者の決意がより自由になるにつれ、すなわち外的な強制や抑えがたい激情によって曇らされない、自分の考量に基づいて決意がなされればなされるほど……

動機づけはますます徹底的に〃目的〃と〃手段〃のカテゴリーの中に組み入れられる」はずだからである。

かくして行為が自由になされればなされるほど、予測可能性という意味での人間の合理性も増大することになる。文化科学の方法論の次元で見るならば、人間の意志の自由は合理的行為＝予測可能性という意味以外には考えられないのであって、人間の自由意志が欠如している場合にはその人間の行為は精神病理学の法則の一例として把握されるにとどまる（すなわち「意志をもたぬ」自然現象の説明と同一になる）だろう。

こうした人間行為の合理性を視野に入れうる文化科学に比べて、自然現象がより計算可能＝予測可能であるとは決して言えない。たとえば嵐が石の塊を吹き飛ばし、岩塊がおびただしい数の破片となって砕け散ったという場合、その塊の落下の大体の方向や破砕の程度などは「熟知の力学法則に基づき、追計算という形で因果的に〈説明できる〉」ことはたしかである。しかしさらに細かくそれがどれだけ多くの数となって、いかなる形をした破片となって飛び散ったかというような認識が問題となる場合、われわれは完全に答えることはできず、「眼前の事態は、我々の法則的知識と矛盾するものを含まないという意味で、〈把握できぬもの〉を何も含んでいない」という消極的な判断で満足する他ない。このように具体的な過程の因果的説明においては自然現象の場合でも必然性判断の形式をとることは例外なのである（悪名高い天気予報の蓋然《がいぜん》性はこのことを示す別の好例である）。

動機の理解

もう一度以上の点をまとめると、人間は自然と異なり、意味を与えつつ行為する。このように社会における人間の行為は全て、自然現象にない一つの特徴、すなわち「意味」にもとづいている。社会的に行為するということは、その動機として特定の価値・願望・理想などを志向しつつ行為することである。真空において意味なく行動するということではない。ヴェーバーはこのような意味づけ＝動機の理解を文化事象の因果認識の中に組み入れた（「社会学は、社会的行為の主観的に思念された意味を解釈によって理解し、そしてそれを通してその経過と結果を因果的に説明するものである」⦅「社会学の基礎概念」⦆）。この動機理解の操作の導入によって、文化科学における因果認識は自然科学における因果認識よりも一層明瞭なものとなる。自然科学と異なって社会科学の因果帰属の場合、事象生起の客観的諸条件が考察されるだけでなく、加えてそれに関与した人間の行為の動機もが理解しつつ考察されるからである。

ただ念のために書いておくと、右のことはもちろん決して、歴史の過程が行為する人間の目的の通り進行するということを意味していない。ヴェーバーは行為者の「目的」概念を、一定の個人にいだかれる「目的表象」と解している。つまりそれは、一定の行為の源にある「結果」のイメージであり、かくして経験科学の考察にとって、諸々の他の原因と並ぶ一つの原因にすぎないのである。だから行為者の「目的」（的行為）は、他の諸条件と協働して一定の、ただし――通常は――意図通りではない結果を生み出しうるということになる。

ヴェーバーは、行為者の意図とその実際の結果とは決して同一ではない、それどころか正反対にもなりうるという恐るべき歴史の逆説を自覚していた。ヴェーバー自身が研究の対象としたカルヴィニズムのたどった「運命」がこの事態の好例である。カルヴァンの予定説は、人間に測り難い意志をもつ神はある人には永遠の生命を、他の人には永遠の死を、あらかじめ定めてしまっていると説いた。この教説を信ずる者は自分が選ばれたものであることを確信するためには、自己の選びを確信する鉄のごとき信仰を保つか、神の栄光に奉仕して世俗への没入を統御して定められた日々の職業労働への献身（世俗内的禁欲）によって救いの確かさを経験するか、のいずれかしかなかったのである。かくして世俗への誘惑を招く富というものは彼らにとって危険なものであり、排斥さるべきものであった（目的としての富の追求の否定）が、世俗を方法的に生きるべく職業労働への献身から結果したのは他ならぬ富であった。富が救いの確かさを証明するものとなった（結果としての富の獲得の承認）。世俗の富を排して神に向かうという主観的な目的が、その意図と正反対の富の獲得という事態を生み出し、ついには富の追求それ自体が善しとされるに至った……。

「理念型」の性格

右に見たような因果帰属の操作で原因・結果の関連に立つことが確定されたものは、共に、無限に混沌とした現実の模写ではなく、その一部を選択して「客観的に可能」的に構成されたものであった――「結果」はわれわれの価値理念にもとづいて（歴史的個体)、「原因」はその結果との因果的関連という意義にもとづいて。

ヴェーバーはこのように構成された概念を「理念型」とよぶ。「理念型は……とくに歴史的個体ないしその構成部分を、発生的な概念においてとらえようとする試みである。……私が〝宗派〟という概念を、発生的に、たとえば〝宗派の精神〟が近代の文化に対してもったところのある重要な文化意義についてとらえようと思うならば、特定の徴標だけがその結果と的確な因果関係をなしているという理由で、二つの概念にとって本質的なものとなる」(「客観性」論文)。

この理念型の性格としてヴェーバーは次の点を指摘している。

まずそれが「その概念的な純粋さにおいては現実のどこにも見出すことのできない」(「客観性」論文)ものだということである。

現実は無限に雑多な要素の組み合わせから成っており、純粋な形で存在しているものではない。たとえば現実の資本主義社会においては非資本主義的な現象も多く存在している。それを捨象《しゃしょう》して思考の世界で整合的に構成したのが、たとえば「近代資本主義」の理念型なのだということである。

第二に、それは現実の特性を測るための物差しであり、認識の技術的な手段である。現実の「特定の意義ある構成部分をはっきりさせるために、現実をそれにかけて測る基準となり、現実を比較する基となるものである」(「客観性」論文)。この理念型との距離と差によって、現実がどの程度この理念型に近いかが明らかになる。

第三にそれは、現実の叙述のためのはっきりした表現手段となりうるものである。

そしてヴェーバーはこのような理念型の性質の誤解から生じるであろう可能的危険として、それを現実と同一視したり、そこからはみ出る部分を無視したりする思考をあげている。「その概念像がいわばプロクルステスのベッドのように利用されて、歴史が一切合財その中へぶち込まれると思われることもある」。これは丸山真男氏が「理論信仰」の語で意味しているものと同じであろう(『日本の思想』)。

それでは、マルクスのいわゆる「唯物史観」を、このようなヴェーバー的「理念型」の目で見るとどうなるだろうか(この問題は内容的に次節の「価値自由」と重なっているが、本稿ではここで取り扱っておくことにしたい)。ごく簡単に言えば次のようになるだろう。ここまでの説明を言いかえると、要するに価値理念と不可避的に結びついて生み出される認識の体系は、科学の世界に入るやいなや、価値評価・世界観と論理的に区別されて、論理学と方法論の規則性を基にした論理的整合性と事実認識からなる仮説とみなされることになる。この意味では――次節で説明されるようになお問題的な意味でではあるが――ここでは学者の思想は二次的なものとなるわけである。

このような文脈ではたとえばマルクスの唯物史観は、㈠歴史と社会の分析のための仮説、㈡世界観、の二つに論理的に区別さるべきものとなる。

そして㈡についてはヴェーバー個人は共有することを否定し、㈠についてはその「一元論的側面」

を否定しつつ、一個の学問的仮説として認めるのである。「世界観ないし歴史的な現実の因果的な説明の公分母としてのいわゆる〈唯物史観〉というものは断固として排斥さるべきであるけれども経済的な歴史解釈に従事することは、この雑誌（社会科学及び社会政策雑誌《アルヒーフ》）のもっとも本質的な目的のひとつである」（「客観性」論文）。

いうまでもなくマルクスの社会発展の法則というものの意義は経験科学の命題につきるわけではなく、その経験的妥当性の検討で事足りるものではない。しかしヴェーバーの科学論の立場からすると、科学的命題とそれ以外のものとは論理的に区別されて各々の領域での意味に分けられねばならなくなる。

すなわち「ヴェーバーが試みていることは、彼がマルクス主義的歴史解釈で理解するところのものを、彼が科学によって理解することのために救い出すことである。彼は唯物史観を発見的原理として受容し、それをそれがもっていた絶対性への要求から解放すると同時に、それのもつ革命的な力能《ポテンツ》からも解放し、現実を科学的に認識するため多くの方法の一つと考えている」（ユルゲン＝コッカ「ヴェーバーとマルクス」）。

価値自由――客観的認識の主体的条件

第一節で文化科学における認識の「主観的」要素（＝価値理念その他）を説明し、第二節でその「客観的」要素（＝論理学と方法論の規則など）を説明した。

「価値自由」の要求

しかしこの「客観的」側面――「客観的可能性判断」、「適合的因果関連」、「法則」、「理解」、「理念型」など――もわれわれの価値との関係で現実をとらえなければならぬ文化科学の宿命として決して自然科学的な没価値的操作ではありえない。そこには研究者の価値判断が介入する可能性が不断に存在している。このような文化科学の色濃い価値判断的性格を自覚すればするほど、普遍的に妥当する認識に達するために研究者には自己の評価判断と事実判断を区別する努力が要求されるだろう。自然科学同様文化科学においても研究者は「あるべきもの」ではなく、「あるもの」を探究する。彼は自己の研究対象に対して価値判断を下すことで客観的な認識を乱すべきではないだろう。

たしかに研究者の喜びや驚きや不満といった価値感情が彼を対象の認識に向かわせるのであるが、しかしそのような感情に無自覚に囚われて、価値判断と事実判断の区別をおろそかにするならば「普遍的に妥当する」認識、つまり価値理念を異にする万人に「真理」たることを認められうるごとき認識に達することはできないだろう。

要するに、社会科学的認識を生み出す営みには不可避に価値判断が作用することを自覚しつつ、それと事実判断を不断に区別すること――これがヴェーバーの「価値自由」原理である。

「研究者は、経験的事実の確定と……、彼の実践的に評価的な態度決定――すなわちこれらの事実を好ましいものとして、あるいは好ましくないものとして判定する、このような意味で〝評価する〟態度決定――を、これらは異質的なものであるから、無条件に区別すべきである」(「価値自由」論文)。

「ある」と「あるべき」とは論理的に次元を異にする判断である。認識は一定の価値理念にもとづいて一定の論理学と方法論の規則を用いて構成されたところの「あるもの」についての知識であって、「あるべきもの」についての言明ではない。事実判断は諸事実の確定と因果認識にかかわるものであり、価値判断は価値――宗教的・倫理的・審美的など――に従って事実を評価するものである。

価値評価の表現でない歴史的個体

「価値自由」の要求は今まで説明してきた、

一、歴史的個体の価値理念による選択・構成

二、因果関連の認識、理念型の性質

にあてはまると共に、

三、社会科学の言明から直接に（論理的に）当為Sollenを取り出すことはできないということにも関係している。

まず歴史的個体が価値評価を表現したものではない、という点について。

「価値解釈」の個所で価値理念によっての歴史的個体の形成が具体的に説明されたが、そこで重要なことは「価値判断」が論理的に異なる二つの局面――価値評価と価値解釈――に分けて考えられるということである（「批判的研究」）。

価値評価と異なって価値解釈の方は、対象に対してわれわれが「あいまいに漠然と感じているもの」の「不明確なベール」をとって「はっきりとした輪郭」をもつものとして意識化するものであるが、それ自体が「価値を下したり、暗示したり」するものではない。むしろ、われわれが自分の価値評価が対象の何について、どの要素に対して、向けられているかということを客観的に明らかにするものである。マルクスの『資本論』とかゲーテの『ファウスト』とかを考えてみると明らかなように、われわれがそれらに対して取りうる価値評価――対象のいかなる部分をいかなる意味で肯定（否定）するかは多様である。この「部分」を、価値判断それ自体ではなく、価値判断が向けられた「部分」を提示することが「価値解釈」の作業である。

ゲーテ

比喩的に次のようにいうこともできるだろう。われわれがある人を「好ましい」と価値判断する場合、そこでは論理的に異なる二つのことがなされている。一つはいうまでもなく「好ましい」という価値判断であるが、もう一つはその人の「何が」好ましいのかについての（知的な）判断である。たとえば、約束は小さなものでも決して破らない、金ばなれがよい、他人をよく信じる……などといった判断である。これは価値評価ではなく、評価の対象についての一種の事実判断であろう。その証拠にこの判断は逆の否定的価値判断の価値解釈の内容でもありうる——たとえば、四角四面で融通がきかない、金にだらしがない、他人にだまされやすい……など。

価値解釈という作業でなされていることは対象に対する価値評価そのものではなく、「評価の可能的な立場と着眼点を発見すること」、「対象と価値とがいかに関係するか、そのもろもろの可能性」を明らかにすることなのである。

価値評価の表現でない因果関連

次に因果認識も価値判断と区別された事実判断だという点について。また、同じことだが理念型も価値判断の表明ではない、ということについて。

事実の単なる因果連関を知ろうとする際にも価値判断が介入して認識を歪める可能性があることをヴェーバーは認めている。つまり、「因果連関の結果をみれば、個人の理想が実現されるチャンス、すなわち、何かある特定のものを意欲しうる見込み、が少ないとか多いとかがわかるようになる」

（「客観性」論文）ため、われわれは自分の価値判断にとって都合のよい因果連関を重要なものとみなしがちだからである。

しかし歴史的個体＝理念型は価値判断の表現ではないし、またそうであってはならない。

「理念型」は評価的に判断することとは全く無関係である。「それは純論理的〈完全性〉以外のものとは全く関わりを持たない」（「客観性」論文）。

たとえば、理念型として構成される「原因」もそれ自体、研究者の「評価」を含むものではない。それは特定の「歴史的個体」との因果関係という意味から構成されたものである。ヴェーバーは「プロテスタンティズムの倫理と資本主義の精神」において、近代西欧資本主義の精神の形成に対してキリスト教思想がどの程度、因果的意義をもったかという問題を検討する。そこで扱われているルター主義やカルヴィニズムやカトリシズムは、右のような観点からみて重要な一側面のみが取り出されて構成されたものである。そしてそこでは「資本主義の精神」に対する因果的意義の点で、カルヴィニズムが最も「評価」され、ルター主義やカトリシズムの「評価」は低くなっている。しかしこのことは決して、そこでこれらのキリスト教思想の全体＝本質が「価値」評価されているのではない。それらは「資本主義の精神」への「因果的な」意味の評価にすぎないのである。

同じことが次の点にもあてはまる。ヴェーバーは「宗教社会学」において、東洋と西洋を比較しつつ、東洋に存在しなかったものを提出している——たとえば「合理的予言」、たとえば「都市」、たとえば「市民」など――のだが、このことは彼が西洋を東洋より本質的にすぐれたものとして価値評価していると解するのは正しくない。それは「方法的」限定なのであり、このような限定はいかなる立場からの科学的認識も例外なく有する性質であり、不可避なものである。

もちろんカルヴィニズムにせよルター主義にせよ、およそ宗教や思想は第一義的には信仰・価値判断の対象であって、認識の対象ではない。しかしこのことはそれが経験科学の次元で因果的影響の考察の対象とならぬ、ということを意味していない。

「自分の信仰する宗教に忠実な神学者にとって価値あることがらであっても、この研究では無視してかかることも当然ありうる。我々が問題にしていることは――宗教の側からの価値判断から見れば――宗教生活の卑近な外面的側面を取り扱うことが多いのであるが、こうした側面もまた確かに存在する……」（「プロテスタンティズムの倫理と資本主義の精神」）。

当為を取り出せない社会科学の言明

三番目は、社会科学の言明から直接に当為の言明を取り出すことはできない、ということである。

この点は、事実の確定をもとに当為を提出することを課題とする社会政策にとってとりわけ関連の深いものであり、ヴェーバーは早くも一八九五年の就任講演「国民国家と経済政策」において、当為の提出における価値基準の明示、という形でこの問題を説明している。

彼は、ここでは「国民経済上の諸現象を判断する際に現れてくる個人的な……主観的な立場」を明らかにすることを明言する。そして政策というものが事実の分析（事実判断）からおのずと（論理的ギャップなく）取り出されうるものではないと強調する。

当時の学界では右のような経済的諸現象を判断する際の価値基準を明示する必要が自覚されておらず、経済学はその素材から直接に理想（＝政策）を取り出しうると信じられていたのである。このことが忘れられ、意識的な自己統制が欠けていて自らの判断のうちに含まれている矛盾（事実から当為がひき出されていてそこにはギャップがあるということ）が意識されないことの結果、われわれには自覚的な価値判断というものを下すことなくやってゆけるのだという幻想が生まれ、ついには、反省によって調整されない本能とか反感のとりこになってしまう、と彼は指摘している。

価値判断の優位

科学的言明は事実判断であって価値判断でなく、この二つを区別する「価値自由」な態度が要求される。しかし、以上の説明から、したがって学者に価値判断を下す必要はなく、その資格もない、という結論を取り出すのは、いかなる意味でもあやまりである。

すでに明らかなように、社会科学的認識は価値理念（判断）によって初めて対象が定められる。つまり価値判断によって認識が促される。その意味で前述のいわば「価値からの自由」は、価値判断の存在（「価値への自由」）の次に来るものであって、その逆ではない、といわなければならない。価値判断が先行して存在しているから、それと事実判断を区別せよ、という要求が必要となるのである。

歴史的個体の選択・構成において価値理念が作用していることはすでに充分に説明されたので、ここでは改めて言及しない。

因果認識の場合については、たとえば、価値判断・思想の次元でいうとヴェーバーにとってピューリタンの禁欲は決して、ただ西欧近代資本主義の成立に対して重要な因果的意義をもった、歴史研究の一対象物にとどまるものではないだろう。被造物の権威や、また伝統的な神聖さを顧慮せず、それを破壊しつつ自分の絶対の価値を信じてそれを徹底的に生きたピューリタンの行動と価値とは、世俗化された形でそのまま彼の世界観と深く結びついていたと思われる。だからこそ、彼はそれを科学的認識の対象として取り上げざるをえなかったと考えられるのである。

また理想の提示たる社会政策の次元で価値判断が重要な役割を演じていることはいうまでもない。必要なのは「区別すること」である。この点さえ守られるなら、実践的態度決定は、単に「無害のみならず、直接有用であり、むしろそれが要請されることさえありうる」、なぜなら、立法者の実践的提案に対する科学的批判は、「すべからく自己自身の価値基準と対決せしめることによってのみ瞭然たる仕方でなされうることがきわめて多い」（「客観性」論文）からである。

至高の価値と「人格」の定義

「価値への自由」について、さらに重要なことが指摘されねばならない。「価値への自由」の先行の強調は単にそれが学問的認識に意味を与えるから、という理由にとどまらない。ヴェーバーにおいてそれは「人格」の定義と関係しているのである。ヴェーバーにとって認識の世界は至上のものではなかったのであり、認識を生み出すことに役立つという理由だけで価値評価を要求したのではなかった。また価値からの自由の要求は単に客観的な認識を守るためにのみ提出されたのではない。それは彼の「人格」概念と密接に結びついていた。

ヴェーバーにとって価値評価の領域は認識の領域に等しい――というより、それ以上の固有の尊厳、ついに学問の力の及びえない自律性を有した領域なのである。人間の生を根源から、それも恒常的に方向づけるもの、人間のあらゆる営みに統一的な意味を与えるもの、それこそ価値評価なのである。

「我々の行為を規定し、我々の生に意味と意義を与えるところの、〝人格〟の最も深いところにある要素、すなわち最高究極の価値判断」(「客観性」論文)、「特定の究極的〝価値〟と生の〝意義〟――これらは右の人格の所為の中でみずからを目的と化しかくしてこれを目的論的に合理的な行為へと転化せしめる――に対する恒常的な内的関係のうちにその〝本質〟が見出されるような人格概念」(「ロッシャーとクニース」)というようなヴェーバーの表現の意味は明白であろう。

したがって前項で扱われた「価値自由」の要求は、このように実践的価値的世界を科学――の不当な介入——から守ることも表現したものと考えることができる。

「それは一方では似非《えせ》科学的に基礎づけられる価値的態度に対抗して人格の領域を守るのに役立ち、他方では故意に科学の中にもちこまれる価値的立場から科学を遠ざけるのに役立つ」（モムゼン『マックス・ヴェーバー——社会・政治・歴史』）。

科学が前提として——また後に明らかになるように目的として——立脚している価値の世界は、科学が解決しうる領域ではない。経験科学の世界は知識・仮説の体系であって、人間にとって至高の——とヴェーバーがみなす——価値・実践の世界に対しては、最終的に沈黙せざるをえないものである。規範を科学的に証明することが可能であるという信仰をヴェーバーは徹底的に否定したのである。ヴェーバーにおいてはこのように価値評価の世界が認識の世界の上位に置かれているということ、これは彼の学問論の意味を理解する上で決定的に重要な点である。

彼は科学的に証明可能な「正しい」理想があるという思想を斥けた。しかしそれは「当為の問題を過小評価するからではない」。逆である。「当為」という「ある意味において人間の胸を動かすことができる最高の問題が、技術的・経済的「生産性」の問題に変えられ、経済学のような一特殊学科の討論の対象となることに耐えられないからである」（一九〇九年ヴィーンの社会政策学会における発言）。

この至高の価値は原理的に経験的事実によって否定も肯定もされないものであり、各人が自分の責任において作り出し、保持しなければならないものなのである。

「なにゆえに人が価値評価しなければならぬのかということは決して客観的に理由づけられるものではない。人間は生きている限り価値評価を下す。人間はその価値評価を明白なものとし、定式化し、客観化することはできるが、しかしまずもって価値評価がそこにあり、経験されるものでなければならない」（ヤスパース『世界観の心理学』）。

経験科学的認識の妥当性の根拠を明らかにしようとしたヴェーバーの努力は、同時に経験科学のなしえないこと、最高の価値の領域が存在すること、の確認の努力であった。

ヤスパース

ヴェーバーに対してしばしば思想の「相対主義」の名が――否定的含意で――与えられるが、それは必ずしも正しくないことは明らかである。

ヴェーバーによれば、特定の価値に首尾一貫して自己を拘束すること――それが「人格」の証明である――は、論理的に他の価値を認めないことを意味する。原理上そこに妥協の余地はない。「諸価値の葛藤」を語ることはこのような価値への信念を前提とするのである。ただし、各人にとって絶対的・唯一的なものであるこのような価値は、いかなるものであれ――それが「価値」である限り――科学的に「正しい」ということを証明することはできない。そのような意味で「相対的」だということなのである。

とまれ、事実認識から直接に価値判断を取り出すことができないという彼の主張は単に論理的・認識論的理由によるものでないといえる。それは右のような「人格」概念から――第一義的にはまさにこれから――由来するものと考えられるのである。

認識と価値判断の同時的追求

事実判断から当為を論理的ギャップなく取り出しうるという錯覚は、価値の主体的選択の不可避性を忘れさせ、現実への受動的適応を「正しい」態度として指示するものとなるだろう。そのような態度をヴェーバーは否定する。

だからたとえば、変化しにくい「発展傾向」が確認されたとしても、そこから、それゆえにこの発展傾向に沿って棹《さお》さすことが「正しい」ということにはならないのである。またたとえばヴェーバーが社会主義の思想を、科学的根拠によって究極の勝利を約束するいわば「似非科学的衣装」（モムゼン、前掲書）をまとって現れる限りでは斥けながら、自ら肯定した理想を生きる社会主義者に対して敬意を払ったのは、そのためである。

以上、ヴェーバーが事実を見る学問的認識の世界と、理想に生きる価値・実践の世界とを分離し、その上で一身をもって等しくこの領域に生きることを自らに課したことが明らかとなった。自己の価値観によって乱されることのない厳正なる客観的な認識と、外部の事実に左右されることのない自律的価値の同時的追求。「渾身の力をもって一切の幻影を抱かぬ冷静さを得、しかもなお自己の理想の不懐とその理想への献身の能力を保持すること」（マリアンネ＝ヴェーバー『マックス・ヴェーバー』）、これが彼の自己および人間全体への要求であった。

しかしここで、ではなぜヴェーバーは、この二つの異質の事柄を同時に果たすことを自他に対して要求したのか、と問わなければならぬであろう。この要求が真の意味をもちうるのは、この二つの事柄が彼の人格の中で相互に他を必要とするものとして結合されている場合のみである。㈠認識にとって価値評価がなぜ必要か、㈡価値評価にとって認識がなぜ必要か。この質問に対する解答をもっていなければ、二つを同時に要求することはできない。㈠についてはすでに説明された。現実に対する価値評価（理念）こそ問題設定の源泉である。では価値評価にとって認識はどのような意味で必要なのか、それは価値評価に対しいかなる「役立ち」をなしうるのか。

近代科学は、目標を事実の確認と因果認識という厳格な経験的認識に限定した。ヴェーバーによれば、その結果学問というものは、もはや「真の存在への道」にも「真の芸術の道」にも「真の自然への道」にも「真の神への道」にも「真の幸福への道」にも通じることをやめてしまった（トルストイ曰く「学問は無意味である、なぜならそれは〝我々は何をなすべきか、いかに生くべきか〟という、我々にとって唯一の重要な問題に答えない」〈「職業としての学問」〉）。

では学問は自己の中に自足して、真理価値の前提のもとに無限に知識を増大させていくだけであり、価値への「役立ち」を果たすことのないものなのか。

ヴェーバーはそうは考えなかった。最後にこの問題を考察しよう。

責任倫理――価値判断と事実判断の統一

価値判断にとって認識はいかなる意味があるのかという問題を考える最初の手がかりをなすのは、ヴェーバーが「価値分析」――価値の科学的な取り扱い、とよぶものである。

価値分析の方法

価値を「対象」として――前節までは価値は科学的取り扱いの対象ではなく、学問的認識を促す「主体」であった――科学的に取り扱いうる可能性は次のようにまとめられる（「客観性」論文、「価値自由」論文、「職業としての学問」）。

具体的な価値判断を対象として科学は、

(一)　それを非経験的な理念として、それがより上位あるいは究極のいかなる価値と連動しているか、またこの究極的価値が他の究極的価値といかなる関係にあるか（そしてその究極的価値からいかなる特定の価値判断が帰結するか）、というように、いわば価値論的な整合性を検討する。

(二)　それを実際的結果を生み出す経験的な「目的」として、それが実現されるために必要な手段は何か、そしてその手段の行使が生み出すだろう付随的結果は何か、というように、いわば目的論的な整合性を検討する。

この二つは科学とはいっても二つの異なるものである。すなわち、前者は妥当する意味の関連をたどる規範科学の仕事であり、後者は存在する事実の関連をたどる経験科学の仕事である。この後者の作業において第二節で説明されたごとき経験的知識が用いられる（この㈡の価値分析は広義の「外界のコントロール」ということができるであろう。つまり因果認識の欲求の源泉として、先にあげた「価値解釈の完遂」の他にこの「外界のコントロール」という実践的理由をあげることができるだろう）。

これら価値分析は、対象たる価値判断を「あるもの」として取り扱っており「あるべきもの」として取り扱ってはいない。

㈠において、究極的な価値を明らかにすることは決してそれを共有するという意味での承認を意味していない。ここでは理解することは「承認する」ことを意味していないし、どの究極的価値を選択せよと教えるものでもない。単に形式論理的に、特定の目的＝価値判断と究極的価値のいわば意味的な関連を明らかにしているだけである。だからここでは科学は論理的な矛盾を含まない（「論理学の規則の妥当性」）いかなる価値判断をも否定することはできないのである。

しかしだからといってこれが価値判断の「修正」に影響しないわけではない。

価値分析による価値判断の「修正」

通常われわれは具体的個別的な問題にそれぞれの価値判断を下しながら生きているが、この場合、個別的な価値判断の全体が志向している、いわば究極的価値判断が意識されているということは多くないであろう。意識されていてもそれが必ずしも意味論的に正しく取り出されているとは限らないだろう。価値分析はこれを明らかにすることができ、「誤って」取り出されていた具体的な価値判断が「修正」されるということがありうるだろう。

しかしこれは経験的事実の確認が価値判断にどう役立つかという問題に答えるものではない。それは㈡の場合である。

㈡の場合でも、価値分析は必要な手段や副次的結果を明らかにするだけであって、たとえば副次的結果の意義をどのように考えてどの手段を最終的に採るかは、科学の外の価値判断の領域のことである。科学は一つの目的＝価値判断の経験的諸帰結を交互に秤量《ひょうりょう》することはできるが、秤量にもとづく最終的決断はなしえない。言いかえると科学的に「正しい」最終的決断というものはなく、それは個々人が主体的に選択するしかないのである。

このことを前提とした上で、この場合も価値判断が「修正」される場合として次の場合が考えられる。

㈠ 目的を実現するにふさわしい手段がなく、目的の実現が不可能であるような場合。

㈡ 最初に意図しなかったような副次的結果の発生の可能性が明らかにされ、それが最初の目的の遂行をためらわせるような種類のものである場合。

このような場合には目的・手段・付随的結果・究極的価値の全体の関連を再考して、最初の目的＝価値判断が変更されることが当然ありうるであろう。

この時にはまぎれもなく事実認識が価値判断に「役立つ」ということができるだろう。認識と価値判断に対するヴェーバーの峻厳《しゅんげん》なる論理的区別をとらえて、ヴェーバーが両者をあまりに切り離した結果、学問は価値評価に対し何の効力ももたぬことになり、たとえば政治的実践的立場に対する科学的検討の通路がとざされてしまい、政治は完全に非合理的な決断と闘争の領域として限定されてしまったという批判が与えられる。しかしそれが必ずしも正しくないことは右の説明から明らかかと思われる。

心情倫理と責任倫理

しかしながら、価値判断がこのように経験的知識によって影響を受けるということは、実は決して自明なことではない。それはある「立場」を選ぶことによって初めて可能になるものである。

というのは、行為の際に、目的にふさわしい——すなわち実現に最も有効な——手段を考量したり、その手段の行使が生み出すであろう付随的結果を顧慮したりした上で改めて最初の目的を検討し必要ならば変更するという操作は、自分の行為から生じるだろう経験的な諸結果に対して自己の責任を認める、という立場にとって初めて意味ある作業に他ならないからである。

結果はどうであれ、目的それ自体の価値、手段それ自体に内包されている価値のみが重要であるという立場を選ぶならば、価値論的な整合性を検討する㈠の操作は必要としても、㈡のような経験的知識にもとづく目的論的な批判は必ずしも意味をもたないであろう。ヴェーバーは、この立場を「心情倫理」とよび、それと対照的な「責任倫理」との原理的（＝論理的）対立を説いている（「職業としての政治」）。

全ての倫理的な方向をもつ行為は二つの「根本的に異なった、調停し難く対立する」原理、「心情倫理」と「責任倫理」の基に立っている。

「キリスト者は正しきを行い、結果を神に委ねたもう」という言葉に集約しうる心情倫理に従って行為するか、対照的に結果に対する責任を自覚して行為するかは、「測り知れぬほど深い対立」をなしている。

もちろん心情倫理の立場に立つ人が「無責任」だというのではない。ただ彼は起こりうる結果に対してではなく、「純粋な心情の炎」に対して責任を感じるのである。逆に責任倫理の立場を取る人は、手段に結晶している「良き意図」にまして、結果を重視し結果に対する責任を引き受けようとする。

次の「価値合理的行為」を「心情倫理的行為」、「目的合理的行為」を「責任倫理的行為」に置きかえることができよう。「価値合理的に行為する人間とは、予想される結果を無視し、義務、体面、美、教義、信頼、何によらず自分に命じられているものの意義を信じるがゆえに行為する人間である。……行為者が自分に課せられていると思う命令や要求に従うところの行為である」、「目的合理的行為に行為する人間とは、目的・手段・付随的結果に従って自分の行為の方向を定め、目的と手段、付随的結果と目的、さらに諸目的相互まで合理的に比較秤量し……行為する人間である」（「社会学の基礎概念」）。

責任倫理の立場

もちろんこの二つの行為のどちらが「正しい」かは科学的に決定することはできない。どちらかの立場をとると、論理的にそれは他のもう一つの立場と相対立・矛盾するものにならざるをえないということである。多少カリカチュアじみた例になるが、過激なサンディカリストに向かって「君の行為の結果は反動のチャンスを高め、君の階級に対する圧迫を激しくするだろう」と説いても説得は不可能であろうし、冷厳なる権力政治家に対し「君の行為は非倫理的である」と宣言しても何の役にも立たないだろう。どちらの「批判」も、彼らの行動を律している倫理的立場それ自体への内在的批判ではありえないからである。

しかしここで大事なことは、他ならぬ責任倫理の立場こそ、自らの行為の諸々の結果を予想し、目的・手段・副次的結果・究極的価値を考量しつつ行為することを内包し、かくして前述の価値分析㈡を、――より一般的にいって経験科学的知識を不可欠なものとして含む、という点である（これに対し、心情倫理の立場は価値分析の㈠は必要としても㈡は必要としないであろう）。

責任倫理の立場をとる場合に初めて、事実認識と価値判断という異なる次元にあるものが、「人格」の中で、完全に異質の体系であることをやめて「統一」される。

この責任倫理の立場に立つなら、価値自由な態度が要請されず、価値判断が事実判断の中に混入して認識の普遍的妥当性が脅かされることになると、適正な手段の認識や行為の結果の予見が不可能となり、したがって行為の結果に対する責任をあいまいなものとしてしまうという、自己の世界観的立場上重大な帰結をひきおこすことになる。

これは明らかに一つの「立場」である。しかしこの立場はヴェーバー個人のものであると同時に、現実によって根拠づけられたものであるともいいうる。なぜなら、合理化された近代ヨーロッパという、西欧人にとっての逃がれがたい歴史的所与（要するにヴェーバーが分析した世界の側面）において生きる者は、単なる当為ではなく能力――実現可能な当為とそれにふさわしい手段の認識――を内包した当為が実際上要求されているだろうからである。「価値自由な経験科学と責任倫理的政治行為はヴェーバーにとって、この脱魔術化した世界の条件下では対をなすものなのである」（W＝シュルフター「価値自由と責任倫理」）。

「責任倫理」の立場において経験科学的認識は、行為＝価値判断と直接に結びつく。ここでは「知る人」と「行う人」が、その目標は異にしていても、内面的な構造——知識と価値判断の相互関係——において一致する。「何のための学問か」という問いは、ヴェーバーの社会科学方法論においてここで消滅するのである。

「責任倫理」と「心情倫理」の内容と相互関係についてのヴェーバーの考えは、右に説明したほど単純なものではない。本章での私の説明もきわめて簡略で、特に心情倫理についてはカリカチュアめいた説明に終わっているが、それは私の真意ではない。

特にここでは、ヴェーバーが右の二つの倫理が究極的に統一されることを「職業としての政治」論文の真の結論としていることが付記されねばならないだろう（「心情倫理と責任倫理は絶対的な対立物ではなく、むしろ両者が相互に補い合って、政治への天職をもちうる真の人間を作り出すのである」）。

この「相互補完」をどう解釈するかについて、ここで私見を詳しく述べることはできない。

ここではただ次の点のみ記しておきたい。つまりこの二つの倫理はそれぞれ、責任倫理のカリカチュア（目的を問わず手段の合理性のみを考慮する、現実順応のイデオロギー）、（真正な）責任倫理（究極的価値・目的・手段・副次的結果の相互秤量にもとづいた、手段の合目的性の重視）、極端な心情倫理（世俗の全否定）、責任倫理に近づいた心情倫理（究極的価値・目的・手段・副次的結果の相互秤量にもとづく、手段の価値の重視）というふうに細分化されえ、その上で、（真正な）責任倫理と責任倫理に近づいた心情倫理とが、共に経験科学的知識を内包した二つの可能な態度であるという意味で「相互補完」の関係に立つ、というふうに解釈もできるのではないか、と思われる。

あとがき

ドイツの生んだ卓越した社会科学者マックス＝ヴェーバーの名声は、死後時《とき》の経過とともにいよいよ高まるばかりである。生前のヴェーバーは、たしかに知識人の世界では驚くべき博識と、ときにはドン＝キホーテ的ともいわれた騎士的名誉感および正義感に燃えた行動で、人びとの畏敬の対象であった。しかし、彼の今日ますます評価の高まる学問的業績はといえば、新聞に掲載された論説や政治的パンフレット類をのぞくと、そのほとんどすべてはアカデミックな学会誌あるいはそういった類《たぐ》いの雑誌に発表され、一般の人びとの眼にふれるようなものではなかった。その点ではしばしば彼と対比される、学者であると同時に革命家であったマルクスとは大きく異なっている。すなわち、ヴェーバーは、当時のドイツの一般大衆には全くといってよいほど知られない存在であったといってよい。ヴェーバーの学問にはマルクスのようなポピュラリティは全くみられないのである。にもかかわらず、あるいは、まさにそれゆえにか、彼の学問的業績は今や今日的な思想性を帯びてアカデミックな世界外の人びと――たとえば政治家、実業家、官僚、そして労働界のリーダーたち――の心をとらえて離さないまでになってきているように見える。それればかりか、あの「カリスマ」

概念などは、今では新聞、テレビその他一般日常の用語として広く普及するまでに至っている。これに類する例は、いくらでもあげることができよう。そこにヴェーバーの思想と学問へのミステリアスな魅力があるといえるかもしれない。

ところで、ヴェーバーにかんする研究や紹介は、実におびただしいものがある。アメリカやドイツでも、そして最近は日本でもヴェーバーを対象にして学位論文を書く人が増えてきているそうである。ヴェーバーが全否定的にしか取り上げられなかったソヴィエトや東欧圏の国々でもヴェーバー研究は、以前とは異なって一定の評価を得るに至ったように見受けられる。西欧でも一時強まった帝国主義者ヴェーバー、ナチスへの途を前望した思想家ヴェーバーというイメージは次第に薄れ、西洋合理主義への両義《アンビヴァレント》的な理解者としてのヴェーバー像が定着してきたようである。マックス＝ヴェーバーは、近代資本主義文化を一つの「運命」と観じたのであったが、それは資本主義の生み落した産業経営《ベトリーブ》の官僚制的メカニズムが、いかなる社会体制であれ、これからの人類の生活をその固形燃料の燃え尽きるまで方向づけ、彼らの相貌を限りなく変えつづけていくであろう、と思われたからである。それゆえ、歴史の現実がヴェーバーの慧眼《けいがん》でとらえられたような現象を呈しつづけるかぎり、彼の学的業績はそのアカデミックな外貌と内容にもかかわらず、いよいよ思想性を増し加え、人びとの現実感覚に訴えつづけることであろう。

ヴェーバーの「人と思想」を語るうえで、妻マリアンネの『マックス・ヴェーバー伝』は、その後の研究で批判、訂正を要する部分が生じてきているが、それでもやはり第一級の作品であることには変わりはない。それだけにこうした類いの書物を書くことは、屋上屋を重ねることになるのは免がれ難いところである。私は、したがって、本書では無謀のそしりを受けるであろうが、すでに多くの論者によって論じられ、ある程度までは一般に知られるに至った、彼の思想世界の核とみなされる宗教社会学の分野は思い切って削り、その輪郭を第Ⅰ章の伝記にふれた部分で簡単に述べるにとどめ、彼が「古き恋人」とよんだ政治の面と、今日まで最も問題視され、くり返し論じられてきた「価値自由」論とにしぼることにした。一つにはこの両面は、本書の示すごとく「責任倫理」のエートスで統一される性格を有していること、二つにはヴェーバーの宗教社会学はそれだけで一書を要するほどに深大な世界を包蔵するがゆえに、これをも含めて述べようとすると、与えられた枚数でまとめるだけの能力が私にはなかったからである。したがって、本書の構成がヴェーバーの思想的全体像を描くにはいちじるしくバランスを失しているという批判は、これを甘受するほかはない。ただ、この二つの分野を扱った共著者の二人は、ヴェーバー研究における新進気鋭の学徒であり、この機会にその思うところを率直かつ自由に書いていただくことができた。あるいはそこに本書のメリットがあるといえば、いえるかも知れない。なお、本書第Ⅰ章は住谷、第Ⅱ章は小林、第Ⅲ章は山田が分担執筆した。大方の御叱正を乞う次第である。

本書の作成を当時東京教育大学教授であった小牧治氏に依頼されてから、私の個人的な事情によるとはいえ、もう数年以上の歳月が経過している。ともすれば怠慢に陥りがちな私の性格をよく知って、今日までじっと辛抱して下さった清水書院の徳永隆氏にはいうべき言葉もない。心からの感謝をささげたく思う。

昭和六一年九月

住谷一彦

マックス=ヴェーバー年譜

西暦	年齢	年譜	背景となる社会的事件と参考事項
一八六四		4月21日、父マックス・母ヘレーネの長子としてエアフルト（現ドイツ民主共和国）に生まれる。	普・墺対デンマーク戦争。ロンドンで第一インター創立。
六六	2	片側性脳膜炎を病む。	普墺戦争。
六七	3		マルクス『資本論』第一巻
六八	4	弟アルフレート生まれる。	明治維新。
七〇	6	マリアンネ=シュニットガー（のちの妻）生まれる。	普仏戦争（～七一）。シュモラー『ドイツ小営業史』
七一	7		ドイツ帝国建設。ビスマルク、初代宰相となる（～九〇）。
七二	8	カイゼリン-アウグスタ-ギムナジウム入学。父、帝国議会の国民自由党代議士となる（～八四）。	ニーチェ『悲劇の誕生』
八二	18	ハイデルベルク・ベルリンの大学で法学を中心に、歴史学・経済学・哲学などを学ぶ（～八六）。	ダーウィン没（一八〇九～）。三国同盟成立。
八三	19	志願兵期間中、シュトラスブルクで伯父ヘルマン=バウムガルテン一家と親交を結ぶ。	メンガー『社会科学とくに経済学の方法に関する研究』
八六	22	司法官試補となり、ベルリン-シャルロッテンブル	ハルナック『教義史綱要』

		クの両親の家で過ごす(～九三)。ベルリン大学のゴルトシュミット、マイツェンのもとで研究を続ける(～八九)。	エンゲルス「フォイエルバッハ論」
一八八八	24	社会政策学会の会員となる。	ヴィルヘルム二世、皇帝に即位。
八九	25	「中世商事会社の歴史」でベルリン大学より博士号を取得。	ヒトラー、生まれる(～一九四五)。
九〇	26	帝国議会の選挙で自由保守党に投票。	ビスマルク、失脚。
九一	27	「ローマ農業史――公法および私法に対するその意義」でベルリン大学の教授資格を取得。	
九二	28	『東エルベの農業労働者事情』刊行。	
九三	29	マリアンネと結婚。	農業者同盟結成。
九四	30	フライブルク大学の経済学教授に就任し、秋に同地に移住して開講。「東エルベの農業労働者の状態の発展傾向」『取引所――目的と組織』発表。	日清戦争(～九五)。 マルクス『資本論』第三巻 ドレフュス事件。
九五	31	5月、教授就任講演「国民国家と経済政策」を行う。 8～10月、イングランドとスコットランドを旅行。	
九六	32	『取引所――取引所取引』「古代文化没落の社会的原因」発表。 ハイデルベルク大学に招聘される(翌年に就任)。	リッカート『自然科学的概念構成の限界』
九七	33	7月、ハイデルベルクで父と激論し、翌月、父は客	

		死。神経疾患の兆候が表れる。	
一八九八	34	病状が悪化。春、レマン湖に療養。夏、ボーデン湖畔のサナトリウムに入る。冬、沈滞状態に陥る。	米西戦争。
九九	35	夏学期を休講。秋、講義再開後また発病。冬、辞表を提出、受理されずに長期休暇が認められる。	ファショダ事件。 ベルンシュタイン『社会主義の前提と社会民主党の任務』
一九〇〇	36	7月、ウーラッハで療養。秋から冬はコルシカで過ごす。	ドイツ市民法典発効。 ジンメル『貨幣の哲学』
〇一	37	イタリアとスイスで療養。	
〇二	38	辞表を再提出 4月、ハイデルベルクに戻り、執筆活動再開。	日英同盟成立。
〇三	39	教職を退き、名誉教授となる。 「ロッシャーとクニース」第一部発表。	
〇四	40	「社会科学・社会政策アルヒーフ」の編集をヤッフェ、ゾンバルトと共に引き受け、同誌に「社会科学・社会政策的認識の〈客観性〉」「世襲財産問題の農業統計的・社会政策的考察」「古ゲルマンの社会組織」を発表。 アメリカ合衆国を訪問。 「プロテスタンティズムの倫理と資本主義の〈精神〉」を発表	日露戦争（〜〇五）。 英仏協商成立。

一九〇五	41	短期間でロシア語を習得し、革命の経過を追う。	第一次ロシア革命。
〇六	42	「ロシアにおけるブルジョア民主主義の状態」「ロシアの擬似立憲主義への移行」を発表。	ロシア第一国会。
〇八	44	工業労働者の調査を行い、翌年にかけて社会政策学会の調査のための方法論的論文を執筆。	デイリー=テレグラフ事件。
〇九	45	「古代農業事情」の大増補。「社会経済学講座」の監修者となる。 社会政策学会ヴィーン大会に出席し、価値自由論争を展開する。	
一〇	46	ドイツ社会学会を設立。 トレルチとともにファレンシュタイン邸に移り住む。	ヒルファディング『金融資本論』 イギリス、ジョージ五世即位（〜三六）。
一一	47	後年の『経済と社会』第二部として知られるテキストの多くの草稿を書く。また「世界宗教の経済倫理」の研究に着手する。「音楽社会学」執筆。	第二次モロッコ事件。 イェリネック没（一八五一〜）。 ルカーチ『魂と形式』
一二	48	社会政策学会左派の方針をめぐる紛争の収拾のために回状「社会政策における進歩によせて」を書く。	トレルチ『キリスト教の教会と集団の社会教説』
一三	49	「理解社会学の若干のカテゴリー」を発表。	第二次バルカン戦争。
一四	50	『社会経済学講座』第一巻への序文を執筆。 第一次世界大戦開戦後、志願してハイデルベルク予	第一次世界大戦（〜一八）。

一九一五	51	備陸軍病院委員会の任務に着く。 軍務を退き、宗教社会学の研究を再開。以後一八年まで「世界宗教の経済倫理――序説」「儒教と道教」「中間考察」「ヒンドゥ教と仏教」「古代ユダヤ教」を次々と発表。政治評論活動を活発に展開。「ビスマルクの対外政策と現代」を発表。	アインシュタイン、一般相対性理論を発表。 スイスで反戦社会主義者国際会議が開催される。
一六	52	「講和によせて」「二つの律法の間」「ヨーロッパ列強とドイツ」発表。	
一七	53	3月、戦争目的に関わる議論が禁止され、以降国内政治への批判的評論に筆鋒がむかう。「選挙権にかんする帝国の緊急法」「ロシアの擬似民主主義への移行」「帝国憲法第九条の改正」「社会学・経済学における〈価値自由〉の意味」『ドイツにおける選挙法と民主主義』などを発表。「職業としての学問」を講演。	2月、ドイツ、無制限潜水艦作戦を開始。 ロシア革命おこる（二月革命・十月革命）。
一八	54	ヴィーン大学で客員教授として「唯物史観の積極的批判」を講演。 6月、将校団に「社会主義」の講演を行う。敗戦に際して皇帝の退位を主張。ドイツ民主党に参加。 「新秩序ドイツの議会と政府」「ドイツの国家形態」	1月、米大統領ウィルソン、14か条を発表。 10月、バーデン公マックス、帝国宰相となる。 11月、革命起こり、皇帝は亡命。

		を発表。 12月、新政府のプロイス内務相の憲法草案委員会に参加。年末より翌年1月にかけて民主党の選挙活動を展開。	人民委員会議(仮政府)成立。連合軍との間に休戦協定成立。
一九一九	55	年頭、民主党の比例代表制被選挙者名簿の上位掲載がならず、政治活動からの撤退決意。 自由学生同盟に「職業としての政治」を講ずる。 2月、国会の憲法案審議をにらみつつ、「ライヒ大統領」を発表。連合国のドイツ戦争責任論に反対する。 5月、民間講和代表団に参加し、ヴェルサイユに行く。ブレンターノの後任としてミュンヘン大学教授に就任。 6月、ミュンヘンに移り、社会学の範疇論を講ずる。 『宗教社会学論集』の大改訂に着手する。 10月、母ヘレーネ没す。冬学期、普遍的社会経済史要論を講義する。	1月、スパルタクス団蜂起。ローザ=ルクセンブルク、カール=リープクネヒトの虐殺。 2月、エーベルト、大統領に就任。 3月、第三インター結成。 5月、ミュンヘン‐レーテ政府倒壊。 中国で、五・四運動始まる。 7月、ヴェルサイユ条約調印。 8月、ナウマン没（一八六〇〜）。 ワイマール憲法制定。
二〇	56	冬、『西洋の没落』の著者シュペングラーと議論。『経済と社会』の概念論に着手。	国際連盟成立。

4月、末妹リリー=シェーファー没す。
夏学期、国家社会学を講義する。
6月14日、ヴェーバー没す。
『宗教社会学論集』第一巻出版、妻マリアンネに捧げられた。

参考文献

天野啓太郎編『日本マックス・ヴェーバー書誌』第二版 ―― 新泉社 一九七二
『知の考古学』第八・九合併号 ―― 社会思想社 一九七六
前者は、一九七〇年までに日本で発表されたヴェーバーの著作の翻刻と翻訳、ヴェーバー研究文献を収録したもので、後者は天野氏によるその続編（一九七一〜七五年）と、嘉目克彦氏作成の外国で発表されたヴェーバー文献目録（一九七五年まで）とを収めている。それ以降のものについては次の文献目録を見よ。
橋本努／橋本直人／矢野善郎編『マックス・ヴェーバーの新世紀』 ―― 未來社 二〇〇〇

●生涯について

マリアンネ・ウェーバー『マックス・ウェーバー』大久保和郎訳 ―― みすず書房 一九八七
A・ミッツマン『鉄の檻――マックス・ウェーバー 一つの人間劇』安藤英治訳 ―― 創文社 一九七五
C・クリューガー『マックス・ウェーバーと妻マリアンネ』徳永／加藤／八木橋訳 ―― 新曜社 二〇〇七

●入門書

平明な語り口でマルクスの方法との比較を論じた古典的な書として大塚久雄『社会科学の方法』（岩波新書、一九六六）、ニーチェの影響を重視して新たな像を描く山之内靖『マックス・ヴェーバー入門』（岩波新書、一九九七）を挙げる。他に古典的なものや全体像描写、主要著作の解説などをいくつか掲げておく。
ガース／ミルズ『マックス・ウェーバー その人と業績』山口・犬伏訳 ―― ミネルヴァ書房 一九六二
安藤英治『マックス・ウェーバー』（人類の知的遺産62） ―― 講談社 一九七九
徳永恂・厚東洋輔編『人間ウェーバー』 ―― 有斐閣 一九九五

牧野雅彦『マックス・ウェーバー入門』――平凡社 二〇〇六
小林純『マックス・ヴェーバー講義』――唯学書房 二〇一五

●ヴェーバーの翻訳書

『社会科学と社会政策にかかわる認識の「客観性」』（岩波文庫）富永祐治・立野保男訳、折原浩補訳――岩波書店 一九九八
『ウェーバー社会科学論集』（完訳・世界の大思想）出口・松井・中村訳――河出書房新社 一九八二
『歴史学の方法』（講談社学術文庫）祇園寺信彦・祇園寺則夫訳――講談社 一九九八
マイヤー／ウェーバー『歴史は科学か』森岡弘通訳――みすず書房 一九六五
『理解社会学のカテゴリー』海老原・中野訳――未來社 一九九〇
『一般社会経済史要論』上・下 黒正巌・青山秀夫訳――岩波書店 一九五四、五五
『古代社会経済史』渡辺金一・弓削達訳――東洋経済新報社 一九五九
『東エルベ・ドイツにおける農業労働者の状態』肥前栄一訳――未來社 一九九三
『宗教社会学論選』大塚久雄・生松敬三訳――みすず書房 二〇一三
『プロテスタンティズムの倫理と資本主義の精神』（岩波文庫）大塚久雄訳――岩波書店 一九八九
『プロテスタンティズムの倫理と資本主義の〈精神〉』梶山力訳・安藤英治編――未來社 一九九四
『儒教と道教』――森岡弘通訳・筑摩書房 一九七〇／木全徳雄訳・創文社 一九七一
『ヒンドゥー教と仏教』深沢宏訳――日貿出版社 一九八三／東洋経済新報社 二〇〇二
『古代ユダヤ教（上）・（中）・（下）』内田芳明訳――岩波書店（文庫）一九九六
『宗教社会学』武藤一雄・薗田宗人・薗田坦訳――創文社 一九七六
『支配の社会学』Ⅰ・Ⅱ 世良晃志郎訳――創文社 一九六〇、一九六二

『支配の諸類型』世良晃志郎訳 ―― 創文社 一九七〇
『法社会学』世良晃志郎訳 ―― 創文社 一九七四
『都市の類型学』世良晃志郎訳 ―― 創文社 一九六四
『音楽社会学』安藤・池宮・角倉訳解 ―― 創文社 一九六七
『ロシア革命論』Ⅰ雀部・小島訳、Ⅱ肥前・鈴木・小島・佐藤訳 ―― 名古屋大学出版会 一九九七、一九九八
『工業労働調査論』鼓肇雄訳 ―― 日本労働協会 一九七五
『社会主義』（講談社学術文庫）濱島朗訳 ―― 講談社 一九八〇
『政治論集』Ⅰ・Ⅱ 中村貞二・山田高生・林道義・嘉目克彦・脇圭平訳 ―― みすず書房 一九八二
『ウェーバーの大学論』上山安敏・三吉敏博・西村稔編訳 ―― 木鐸社 一九七九
『マックス・ウェーバー青年時代の手紙・新訳 上・下』阿閉・佐藤訳 ―― 文化書房博文社 一九九五
『ウェーバー』（世界の名著50）尾高邦雄編 ―― 中央公論社 一九七五

●研究書

金子栄一『マックス・ウェーバー研究――比較研究としての社会学』―― 創文社 一九五七
大塚久雄編『マックス・ヴェーバー研究』―― 東京大学出版会 一九六五
安藤英治『マックス・ウェーバー研究――エートス問題としての方法論研究』未來社 一九六五／一九九四
中村貞二『マックス・ヴェーバー研究――ドイツ社会政策思想史考』未來社 一九七二／増補 一九九九
上山安敏『ウェーバーとその社会――知識社会と権力』ミネルヴァ書房 一九七八／新装版 一九九九
中野敏男『マックス・ウェーバーと現代』―― 三一書房 一九八三／青弓社〔増補版〕二〇一三
姜尚中『マックス・ウェーバーと近代』―― 御茶の水書房 一九八六／岩波書店 二〇〇三
佐藤慶幸『官僚制の社会学〈新版〉』―― 文眞堂 一九九一

牧野雅彦『ウェーバーの政治理論』――日本評論社 一九九三
今野元『マックス・ヴェーバーとポーランド問題』――東京大学出版会 二〇〇三
佐野誠『ヴェーバーとリベラリズム――自由の精神と国家の形』――勁草書房 二〇〇七
橋本／矢野編『日本マックス・ウェーバー論争――「プロ倫」読解の現在』――ナカニシヤ出版 二〇〇八
小林純『ヴェーバー経済社会学への接近』――日本経済評論社 二〇一一
野口雅弘『比較のエートス――冷戦の終焉以後のマックス・ウェーバー』――法政大学出版局 二〇一一
折原浩『日独ヴェーバー論争』――未來社 二〇一三
K・レヴィット『ウェーバーとマルクス』柴田治三郎・脇圭平・安藤英治訳――未來社 一九六六
ベンディクス『マックス・ヴェーバー』折原浩訳――中央公論社 一九六六／三一書房分冊版 一九八七～八
モムゼン『マックス・ヴェーバー――社会・政治・歴史』中村・米沢・嘉目訳――未來社 一九七七
ビーサム『マックス・ヴェーバーと近代政治理論』住谷・小林訳――未來社 一九八八
ヘニス『マックス・ヴェーバーの問題設定』雀部・豊田他訳――恒星社厚生閣 一九九一
モムゼン『マックス・ヴェーバーとドイツ政治Ⅰ・Ⅱ』安世舟他訳――未來社 一九九三、一九九四
シュルフター『信念倫理と責任倫理――マックス・ヴェーバーの価値理論』嘉目訳――風行社 一九九六
テンブルック『マックス・ヴェーバーの業績』住谷・小林・山田訳――未來社 一九九七
シュヴェントカー『マックス・ウェーバーの日本―受容史の研究一九〇五―一九九五』野口雅弘訳――みすず書房 二〇一三

翻訳は、新しくて入手の容易なものがよいとは限らない。絶版や高価本も多いので図書館利用が必須となる。また現在、ドイツでは『マックス・ヴェーバー全集』Max Weber Gesamtausgabe (MWG), Mohr: Tübingen が刊行中である。

さくいん

【人名】

【ヴェーバーの著作】

マックス=ヴェーバー■人と思想78　　定価はカバーに表示

1987年 3 月15日　第 1 刷発行Ⓒ
2015年 9 月10日　新装版第 1 刷発行Ⓒ

・著　者　……住谷《すみや》　一彦《かずひこ》／小林《こばやし》　純《じゅん》／山田《やまだ》　正範《まさのり》
・発行者　…………………………………渡部　哲治
・印刷所　…………………………広研印刷株式会社
・発行所　…………………………株式会社　清水書院

〒102-0072　東京都千代田区飯田橋3-11-6
Tel・03(5213)7151～7
振替口座・00130-3-5283
http://www.shimizushoin.co.jp

検印省略
落丁本・乱丁本は
おとりかえします。

CenturyBooks

Printed in Japan
ISBN978-4-389-42078-9

CenturyBooks

清水書院の〃センチュリーブックス〃発刊のことば

近年の科学技術の発達は、まことに目覚ましいものがあります。月世界への旅行も、近い将来のこととして、夢ではなくなりました。しかし、一方、人間性は疎外され、文化も、商品化されようとしていることも、否定できません。

いま、人間性の回復をはかり、先人の遺した偉大な文化を継承して、高貴な精神の城を守り、明日への創造に資することは、今世紀に生きる私たちの、重大な責務であると信じます。

私たちがここに、「センチュリーブックス」を刊行いたしますのは、人間形成期にある学生・生徒の諸君、職場にある若い世代に精神の糧を提供し、この責任の一端を果したいためであります。

ここに読者諸氏の豊かな人間性を讃えつつご愛読を願います。

一九六六年

清水

SHIMIZU SHOIN

【人と思想】 既刊本

老子	高橋　進
孔子	内野熊一郎他
ソクラテス	中野　幸次
釈迦	副島　正光
プラトン	中野　幸次
アリストテレス	堀田　彰
イエス	八木　誠一
親鸞	古田　武彦
ルター	小牧　治 泉谷周三郎
カルヴァン	渡辺　信夫
デカルト	伊藤　勝彦
パスカル	小松　摂郎
ロック	浜林正夫他
ルソー	中里　良二
カント	小牧　治
ベンサム	山田　英世
ヘーゲル	澤田　章
J・S・ミル	菊川　忠夫
キルケゴール	工藤　綏夫
マルクス	小牧　治
福沢諭吉	鹿野　政直
ニーチェ	工藤　綏夫

J・デューイ	山田　英世
フロイト	鈴村　金彌
内村鑑三	関根　正雄
ロマン=ロラン	村上　嘉隆 村上　益子
孫文	横山　英 中山　義弘
ガンジー	坂本　徳松
レーニン	中野　徹三 高岡健次郎
ラッセル	金子　光男
シュバイツァー	泉谷周三郎
ネルー	中村　平治
毛沢東	宇野　重昭
サルトル	村上　嘉隆
ハイデッガー	新井　恵雄
ヤスパース	宇都宮芳明
孟子	加賀　栄治
荘子	鈴木　修次
アウグスティヌス	宮谷　宣史
トーマス・マン	村田　經和
シラー	内藤　克彦
道元	山折　哲雄
ベーコン	石井　栄一
マザーテレサ	和田　町子
中江藤樹	渡部　武
ブルトマン	笠井　恵二

本居宣長	本山　幸彦
佐久間象山	奈良本辰也 左方　郁子
ホッブズ	田中　浩
田中正造	布川　清司
幸徳秋水	絲屋　寿雄
スタンダール	鈴木昭一郎
和辻哲郎	小牧　治
マキアヴェリ	西村　貞二
河上肇	山田　洸
アルチュセール	今村　仁司
杜甫	鈴木　修次
スピノザ	工藤　喜作
ユング	林　道義
フロム	安田　一郎
マイネッケ	西村　貞二
エラスムス	斎藤　美洲
パウロ	八木　誠一
ブレヒト	岩淵　達治
ダンテ	野上　素一
ダーウィン	江上　生子
ゲーテ	星野　慎一
ヴィクトル=ユゴー	辻　昶 丸岡　高弘
トインビー	吉沢　五郎
フォイエルバッハ	宇都宮芳明

ラス=カサス	染田　秀藤
吉田松陰	高橋　文博
パステルナーク	前木　祥子
パ　ー　ス	岡田　雅勝
南極のスコット	中田　修
アドルノ	小牧　治
良　寛	山崎　昇
グーテンベルク	戸叶　勝也
ハ　イ　ネ	一條　正雄
トマス=ハーディ	倉持　三郎
古代イスラエルの預言者たち	木田　献一
シオドア=ドライサー	岩元　巌
ナイチンゲール	小玉香津子
ザビエル	尾原　悟
ラーマクリシュナ	堀内みどり
フーコー	今村　仁司 栗原　仁
トニ=モリスン	吉田　廸子
悲劇と福音	佐藤　研
リ　ル　ケ	星野　慎一 小磯　仁
トルストイ	八島　雅彦
ミリンダ王	森　祖道 浪花　宣明
フレーベル	小笠原道雄

ヴェーダからウパニシャッドへ	針貝　邦生
ベルイマン	小松　弘
アルベール=カミュ	井上　正
バルザック	高山　鉄男
モンテーニュ	大久保康明
ミュッセ	野内　良三
ヘルダリーン	小磯　仁
チェスタトン	山形　和美
キケロー	角田　幸彦
紫　式　部	沢田　正子
デ　リ　ダ	上利　博規
ハーバーマス	小牧　治 村上　隆夫
三　木　清	永野　基綱
グロティウス	柳原　正治
シャンカラ	島　岩
ハンナ=アーレント	太田　哲男
ミダース王	西澤　龍生
ビスマルク	加納　邦光
オパーリン	江上　生子
アッシジのフランチェスコ	川下　勝
スタール夫人	佐藤　夏生
セ　ネ　カ	角田　幸彦

ペ　テ　ロ	川島　貞雄
ジョン・スタインベック	中山喜代市
漢の武帝	永田　英正
アンデルセン	安達　忠夫
ライプニッツ	酒井　潔
アメリゴ=ヴェスプッチ	篠原　愛人
陸奥宗光	安岡　昭男